D0896590

COLLECTION POÉSIE

FERNANDO PESSOA

Le Gardeur
de troupeaux

et les autres poèmes
d'Alberto Caeiro

AVEC

Poésies
d'Alvaro de Campos

*Préface et traduction
d'Armand Guibert*

GALLIMARD

FERNANDO PESSOA
CELUI QUI ÉTAIT PERSONNE
ET MULTITUDE

A l'avant d'une modernité dont ce siècle à son déclin se réclame avec superbe, se dresse un homme qui fut obscur, effacé, inconnu de sa concierge, riche d'humour et rayonnant lorsque son miroir intérieur lui renvoyait son reflet futur.

« Je ne suis rien », ce n'est pas une parole contrite du saint homme Job, mais un rappel de ce nada *ibérique qui est au principe de l'être et à sa terminaison. Trois vers après cette affirmation du néant, survient cette antithèse éclatante : « Je porte en moi tous les rêves du monde » : un feu d'artifice cosmique.*

« Les poètes n'ont pas de biographie ; leur œuvre est leur biographie. » Certes, Octavio Paz, la formule serait irréfutable si une œuvre au pluriel n'impliquait des poètes multiples. Pessoa, le nôtre puisqu'il est à tous, est un nom qui dans sa langue se traduit par personne *— non le* nemo *latin qui gomme toute identité, mais* persona *dans l'acception de « masque » ; en ce cas, le verbe apocalyptique qui débouche sur l'énigme, sur l'ambiguïté, sur la supercherie ludique.*

« Ô cloche de mon village / plaintive dans le soir calme... » Gardons-nous bien d'ajouter foi à ce décor champêtre planté au cœur d'une cité : rien n'est moins

7

agreste que le point de Lisbonne où Fernando Pessoa vit le jour, le 13 juin 1888, à deux pas du Chiado, la rue des élégances, entre la très mondaine église des Martyrs et le théâtre de San Carlos. Ascendance paysanne, nulle : son père, fonctionnaire et critique musical, lui légua, avec une médiocre santé, un goût très sûr de l'art ; sa mère, le don des langues. Les divagations d'une grand-mère sujette à des éclipses de la raison ont ennuagé son adolescence de l'épouvante de l'anormalité. Une noblesse açoréenne dans sa parentèle, pour grand-père un général qui, par phobie du monde, restait alité en permanence pour composer des vers classiques, le souvenir estompé d'un ancêtre israélite qui fut persécuté par la sainte Inquisition, autant de croisements qui expliquent assez bien sa mobilité mentale, son déchirement chronique et l'effet sur son psychisme de certaines de ses lectures, celle de Max Nordau devant être la plus angoissante.

Orphelin de père à cinq ans, il en avait huit lorsqu'il s'expatria en compagnie de sa mère, qui allait rejoindre son nouvel époux, consul de Portugal à Durban, capitale du Natal, alors colonie de la Couronne. Il n'y aura dans son œuvre à venir pas une page, pas une note d'émerveillement sur les escadres de nuages de l'océan Indien, sur la rutilance des flamboyants de la colline de Beara, avec les ophidiens tapis parmi les bambous de Chine, sur les rickshaws poussés par les naturels en tenue d'opérette (on me montra à l'orée de la ville le poète zoulou Dhlomo, auteur d'un honorable recueil, mais les autorités blanches, pour tempérer ma curiosité, avaient pris soin de le produire, ivre mort, sous le billard d'un club suburbain). Le jeune Portugais, indifférent au décor et à la diversité des ethnies, avait plongé dans l'étude avec acharnement : chez les sœurs irlandaises, puis au lycée, où devait lui succéder son futur traducteur Roy Campbell, et enfin à l'École de commerce, il connut les plus brillants succès dans tous les domaines, le sport mis à part. A quinze ans, premier de 899 candidats, il remporta le prix de style anglais du concours national Queen Victoria Memorial Prize. Ce n'est pas une terre africaine qu'il a adoptée, c'est une langue d'Europe, l'anglais, dont les écrivains les plus représentatifs entrent dès lors dans sa famille mentale : Ben Jonson, Shakespeare, Keats, Tennyson, Poe, Dickens, dont on pouvait, il n'y a guère, caresser les reliures que gardait pieusement sa demi-sœur Henriqueta.

En 1905, il regagne le Portugal, pays qu'il ne quittera plus, même si son œuvre évoque des voyages homériques ou des terres d'exil. Ses dons exceptionnels ne lui ayant pas permis de remporter le moindre diplôme universitaire, le goût de l'expression écrite l'incite à créer sous le nom malencontreux d'Ibis une imprimerie qui ne tardera pas à péricliter. Encore enfant, il dédiait un poème à sa mère, il s'inventait un double sous le nom de Chevalier de Pas, à qui devaient succéder un Alexander Search, un Robert Anon, et deux Cross, dont l'un, cela va de soi, était spécialiste des mots croisés ; toutes ces personnalités secondes étaient d'expression anglaise. Entre les deux langues il hésitera longtemps, jusqu'au jour où la fin de la dynastie des Bragance déclenchera en lui un processus de renationalisation. Portugais dans l'âme, attaché à une capitale où il brouille ses pistes en maint logement de hasard, il y vit un peu à l'aventure. Nous le trouvons pour un temps rue de la Gloire, où il voisine tout innocemment avec les prostituées françaises du quartier. Son portugais se fortifie, sa syntaxe se personnalise, mais il reste fidèle à l'anglais, dans lequel il compose des poèmes très divers, ainsi que des pages de prose consacrées à l'essai, à la chronique et au journal intime.

Ses moyens d'existence ? plus que modiques. Secrétaire à la correspondance étrangère en diverses maisons de commerce, il n'avait pas d'horaires fixes, il tirait vanité de la possession d'une machine à écrire. Il s'offre un plat dans un restaurant de la rue des Douradores, d'excellent café à la

9

Brasileira do Chiado, d'autre chez Martinho en sous-sol et, dans les taverues, *une* eau-de-vie *corsée qui lui donnera accès à un monde de mirages.* Il traduit des ouvrages *ésotériques de Charles Leadbeater et de Mme Blavatzky, des centaines de proverbes portugais pour un éditeur anglais, il annonce en vain la publication de quatre romans policiers, il songe à ouvrir un cabinet d'astrologue. Encore une idée non exploitée : il sollicite un brevet d'inventeur pour un « annuaire indicateur synthétique par noms et autres classifications, consultable en n'importe quelle langue » et, de la plus sérieuse façon, il publiera à fonds perdus, en collaboration avec un beau-frère riz-pain-sel, une* Revue de commerce et de comptabilité *: il y a chez lui du Dickens et du Mallarmé.*

Les poètes de sa jeunesse ayant subi l'influence des symbolistes français, il suit pour un temps des compatriotes marqués par eux, un Eugenio de Castro, un Teixeira de Pascoaes, nationaliste convaincu, et surtout un garçon de son âge, Mario de Sá-Carneiro, esprit fébricitant qui se donnera la mort, vêtu de son frac, en 1916, dans un hôtel de Montmartre, en laissant à la postérité quatre livres d'excellente classe ; le peintre, décorateur et écrivain Almada-Negreiros, le peintre cubiste Amadeu de Souza-Cardoso, le poète açoréen Armando Côrtes-Rodrigues... Pessoa, dont le maintien et la vêture britannique dissimulent l'agitation intérieure, ne cesse de fonder des écoles : l'éphémère « paulisme » (de paúis *= paludes), les plus durables « intersectionnisme » et « sensationnisme », qui débouchent sur le futurisme de Marinetti en train de conquérir l'Europe. D'étape en étape, après avoir publié des essais critiques dans* Águia, *porte-parole de la « Renaissance portugaise », il connaît — le 8 mars 1914 — sa « nuit de Pascal », phénomène sans égal dans la littérature qu'il a relaté vingt et un ans plus tard dans une lettre à son jeune confrère Adolfo Casais Monteiro : la surrection spontanée d'autant de personnages distinctifs et différenciés par le*

10

physique et par le style, antinomiques parfois, tous de sexe masculin : les désormais fameux hétéronymes : consanguins, certes, et cependant susceptibles des plus vives oppositions, comme il advient en toute famille de procréation charnelle.

J'évoquerai discrètement Apollinaire, celui de « Profondeurs de la conscience/on vous explorera demain... ». Pessoa, tenu informé de « l'esprit nouveau », par ses correspondants portugais de Paris, était depuis quelque temps pris d'un prurit maladif de donner le jour à un poète bucolique de caractère enchevêtré. En voici l'exégèse, trop minutieuse pour ne pas comporter une part de concertation : « Un jour où j'avais finalement renoncé — c'était le 8 mars 1914 — je m'approchai d'une commode haute et, prenant un papier, je me mis à écrire, debout, comme je le fais toutes les fois que je le puis. Et j'écrivis trente et quelques poésies, en une espèce d'extase dont je ne saurais définir la nature. Ce fut le jour triomphal de ma vie, et jamais je n'en pourrai connaître de semblable. Je partis d'un titre : Le Gardeur de troupeaux. Et ce qui suivit fut l'apparition en moi de quelqu'un à qui je ne tardai pas à donner le nom d'Alberto Caeiro. Excusez l'absurdité de l'expression : il m'était apparu mon maître. Telle fut la sensation immédiate que j'éprouvai. A telle enseigne que, sitôt écrits ces trente et quelques poèmes, je pris incontinent un autre papier et j'écrivis, d'affilée également, les six poèmes qui constituent Pluie oblique, de Fernando Pessoa. Immédiatement et intégralement. Ce fut le retour de Fernando Pessoa-Alberto Caeiro à Fernando Pessoa tout seul. Ou, mieux encore, ce fut la réaction de Fernando Pessoa contre son inexistence en tant qu'Alberto Caeiro. »

Ce maître, nous le connaissons par son livre unique, ici reproduit dans sa totalité, et par des joutes caractériologiques entre les nouveaux venus en formation. A travers des compositions d'une libre coulée apparaît le visage d'un homme qui vit aux champs, entre les ruisseaux et les nuages — un sage sensualiste, détaché de la piperie du monde, riche

11

d'une fraîcheur de regard qui lui assure un constant
équilibre entre la stupeur et l'émerveillement :

> L'effarante réalité des choses
> est ma découverte de tous les jours.

Esprit religieux mais affranchi de toute orthodoxie, son
géniteur, dans un essai « sur le paganisme, le christianisme
et le néo-paganisme », s'exerce à désintégrer un prétendu
fanatisme ibérique, voire lusitanien, consécutif à la déca-
dence de l'esprit mahométan. De même que, dans ses vues
politiques, il jonglait avec de captieuses palinodies, il
fondait la destruction du catholicisme portugais sur l'émer-
gence d'un élément arabe latent dans la psyché nationale —
raisonnement léger dans l'esprit d'un homme qui a cité une
seule fois dans son œuvre, sans commentaire adéquat, le
poète et tyran Al Motamid Ibn Abbad, gouverneur de Silves
et roi de Séville, lequel trancha la tête de son premier
ministre Ibn Ammar, poète lui aussi, fit alliance avec des
rois chrétiens puis fut chassé de ses possessions arabo-
andalouses par les Berbères qui le condamnèrent à l'exil
perpétuel. Le « paganisme » que Pessoa attribue en plus
d'un lieu aux musulmans, n'est jamais, on s'en doute, pris
au sérieux par les islamisants. Le poème VIII du Gardeur
de troupeaux, *désavoué par Pessoa lui-même, manque*
déplorablement d'objectivité, alors que la plupart des textes
signés par Alberto Caeiro affichent une évidence non
métaphysique, mais toujours limpide et sans concession au
sacrilège :

> Je suis l'Argonaute des sensations vraies.
> A l'Univers j'apporte un nouvel Univers
> parce que j'apporte à l'Univers l'Univers lui-même.

On a beaucoup glosé sur le système philosophique de
Caeiro, « maître » incontesté des autres hétéronymes et de

Pessoa lui-même. Le paganisme, encore que déclaré « faux » par le géniteur, me paraît convenir plus ouvertement à l'avant-dernier des épigones nés de l'illumination du 8 mars 1914, ce Ricardo Reis qui a vu le jour un an avant Pessoa. Petit, le teint brun mat, élevé chez les jésuites, il s'est établi au Brésil, où il exerce la médecine. Son style est d'une rigueur sans faille : puriste, archaïsant, il a composé des poèmes à forme fixe qui doivent beaucoup à Anacréon, à Horace, aux Stoïques. Les dieux dont il peuple l'Olympe sont à peine convaincants ; au panthéon ils réservent une niche au Fils de l'Homme, tout en laissant entendre que le Fatum est l'ordonnateur souverain de ce temple qui pourrait bien être une tour d'ivoire. Caeiro, lui, se contente d'un plissement de la paupière pour disséminer cette contre-foi : esprit de doute et d'indifférence tenus pour respectables, sans oublier le cynisme du principe de propriété, dans les sociétés de source évangélique :

J'ai coupé l'orange en deux, et les deux parties ne
    pouvaient être égales.
Pour laquelle ai-je été injuste — moi qui vais les manger
    toutes les deux ?

On aimerait avoir quelques précisions temporelles sur celui qui fut l'astre majeur de la galaxie. A d'aucuns elles pourront paraître confuses. Né en 1889 et mort en 1915, comment un homme de vingt-six ans a-t-il pu être salué comme un maître à penser ? Il a été doté d'un surcroît de vie, puisqu'il reparaît dans les tout derniers poèmes du Pasteur amoureux, *datés de 1930 — le constat d'une crise sentimentale, chez le seul membre de la famille pessoenne qui soit aussi le plus lucide : un échec partagé. C'est Pessoa, en fait, et non Caeiro, qui a été l'objet d'une passion dont il fut innocent : Ophélia, malgré sa discrète réserve, n'a pas su gagner le cœur de celui qui était aussi son collègue de*

13

bureau. C'est au digne Caeiro qu'est confiée l'expression de l'allègement consécutif à la rupture. Le pasteur qui a perdu sa houlette se confesse, délivré : « Quand il s'est relevé de la pente et de l'égarement/il a senti que de nouveau l'air donnait accès, mais douloureusement, à une espèce de liberté dans son sein. » À plus tard une conclusion.

Nous avons laissé, dans la lettre trop bien apprêtée de Pessoa à Casais Monteiro, le raccord s'amorcer entre Caeiro et un autre intervenant : « Voilà que surgit, sans interruption ni rature, l'Ode triomphale d'Alvaro de Campos — l'Ode avec ce titre et l'homme avec le nom qu'il porte. Je créai alors une coterie inexistante. Je fixai tout cela en des gaufriers de réalité. Je graduai les influences, je connus les amitiés, j'entendis en moi les débats et les divergences de points de vue, et en tout cela il me parut que je fus, moi créateur de tout, de tous le moins présent. Si je peux publier un jour le débat esthétique entre Ricardo Reis et Alvaro de Campos, vous verrez comme ils sont différents, et en quoi je ne suis pour rien dans cette affaire... »

Voyance, médiumnité, ou magistrale organisation d'un homme hier obscur qui se découvre riche de pouvoirs d'automultiplication ? Parmi ses projets sans nombre figurait un ouvrage qui devait porter pour titre Les Géants. *Gageons qu'Alvaro de Campos y eût trouvé de plein droit sa place. Mobile, débraillé, il est manifestement entaché de bâtardise. C'est un homme de l'Algarve, donc un méridional ; son horoscope le fait naître le 15 octobre 1890, mais son émouvant poème* Anniversaire *a été, par une supercherie double, composé un 13 juin, date de naissance de Fernando Pessoa, homme du mentir-vrai, notion qu'Aragon devait acclimater parmi nous. Il sait le latin et l'anglais : ingénieur-mécanicien de la marine, il a fait des études techniques à Glasgow. Est-il important de préciser qu'il porte monocle, et que son visage est celui du Juif portugais moyen ?*

Homme de science, épris du grondement des machines,

de la luisance des bielles et des essieux, de la bousculade des foules, il partage avec Blaise Cendrars le goût du « profond aujourd'hui », du Barnabooth de Larbaud qui lui permet de ne se sentir étranger nulle part (« et dire qu'il y a des gens pour ne pas aimer les paysages qui n'existent pas... »).

Acteur de sa vie propre et des inconnus qu'il frôle au hasard d'une bourrade, personnage protéen plus pirandellien que Pirandello, bouillonnant comme un geyser, Fernando Alvaro Pessoa de Campos, comme le baptisa Sá-Carneiro, préfigure, dans le présent choix de son œuvre poétique, ce « mélange adultère de tout » dont le jeune T. S. Eliot devait faire le titre d'un de ses poèmes désordonnés en langue française — n'est-on pas toujours l'avant-garde d'une autre avant-garde à venir ? Alvaro de Campos, en prose comme en vers, est le plus prolixe des hétéronymes. Étourdissant dans les odes, débridé dans la Triomphale *(faussement datée de Londres) dans laquelle il brassait le goût du sang, des actes obscènes dans les escaliers douteux, il me frappe par cette exclamation : « Ah ! regarder est en moi une perversion sexuelle ! » tout à l'opposé de cette chasteté du regard qui est l'apanage de Caeiro.*

De la Triomphale *on ne peut dissocier l'*Ode maritime, *composition d'une rare puissance scénique où déferle la tornade d'une rhétorique exacerbée, pour ne rien dire de la grande aventure tragico-maritime des découvertes et du rougeoiement du freudisme naissant — il faudrait tout un précis de décomposition pour commenter les pulsions de possession passive du passager dans la tempête qui aspire aux outrages des matelots (une oreille attentive y perçoit les grondements d'un anticolonialisme rageur). Ces deux poèmes étourdissants ont fait le succès — un succès de scandale — de la revue* Orpheu *où ils ont paru en 1915, la troisième livraison étant restée, faute de pécune, à l'état d'épreuves. Grand pourvoyeur de l'excessif, Campos n'est pas toujours lisible en clair ; il diffère en bien des cas de* *l'image la plus apparente de lui-même qu'offre un premier plan, si bien qu'il a, dans le decrescendo de ce poème symphonique, des biefs de tendresse, de retour à la plus humaine pitié, à la commisération :*

Tant de visages singuliers ! Tous les visages sont singuliers et rien ne donne autant le sens du sacré que de beaucoup regarder les gens.
Voici qu'enfin la fraternité n'est plus une idée révolutionnaire.

*Dans l'*Ode *martiale, brève, saccadée, douloureuse, comment ne pas sentir un compromis entre* La Guerre *du Douanier Rousseau et le* Guernica *de Picasso, né d'un tempérament méphistophélique et malheureux profondément ? Qui oserait aujourd'hui ignorer* Bureau de Tabac, *poème nu, narquois, piquant, qui annonce avec des années d'avance l'avènement d'un existentialisme diffus et le rôle moteur de l'absurde en ce siècle de dérèglement ? Encore qu'il ne groupe qu'une partie de l'œuvre, à l'exclusion de la prose, comme le fulminant* Ultimatum *de l'ingénieur ès mutabilité, le présent recueil offre maint exemple de remous contradictoires : les velléités sont de nature discordante, les sophismes s'y entrechoquent comme des silex : « Toute mort m'a toujours meurtri personnellement » — tellement plus humain que l'histrionique : « Moi qui suis plus frère d'un arbre que d'un ouvrier... » « Investigateur solennel de choses futiles », celui qui proclamait « être sincère en se contredisant à chaque minute » ou qui battait sa coulpe après s'être exalté : « Moi qui ai été vil, littéralement vil / vil au sens mesquin et infâme de la vilenie » ? Païen, le poète de* Magnificat *qui dort et sourit en attendant la clarté du jour et d'une foi nostalgiquement souhaitée — celui-là même qui, ayant lu à la lueur de la bougie la première* Épître aux Corinthiens, *a ce soupir de regret : « Et dire, mon Dieu, que je n'ai pas la charité » !...*

16

Il est à lui seul un théâtre de marionnettes et, l'instant suivant, « un opéra fabuleux ». Son personnage « s'organise » (sic), se tutoie, s'interpelle : « Pauvre Alvaro de Campos ! », ponctue : « Il est en chaque coin de mon âme un autel à un dieu différent. » Non, ce vers d'Alvaro de Campos n'est pas détaché de la Salutation à Walt Whitman, *son « frère d'Univers », antérieure d'une quinzaine d'années à l'ode que García Lorca dédiera à l'auteur des* Leaves of Grass *en un langage d'un surréalisme plus fleuri. Le style, ici, est plus sec, lorsqu'il célèbre « le sujet et l'objet, l'actif et le passif ». Ce thème se manifestera-t-il plus explicitement dans la vie et dans l'œuvre de Pessoa ?*

Il est malaisé de croire que Caeiro, né de la cuisse de Jupiter-Pessoa, puisse avoir sur celui-ci une autorité de créateur et de maître. D'où peut bien émaner cette inconditionnelle révérence à Caeiro ? La première réponse, c'est qu'ils sont à la fois étrangers l'un à l'autre et pourtant étroitement accordés. Le jeune Lisboète de Durban a donné assez de gages de sa précocité, de son adaptabilité à une mythogénie personnelle pour que nous mettions en doute sa nature cyclothymique. Tout jeune, il a vécu le savoir des autres, leurs langues, leurs mythes, hors de l'anecdote, mais par la voie d'une plongée à l'ésotérisme qui lui était consubstantiel, à la Gnose et à tout ce qui en dérive : les Évangiles apocryphes, les hérésies des premiers âges du christianisme, les réformes et contre-réformes, le cryptisme des maranes, la maçonnerie, les fraternités de la Rose-Croix.

Pourquoi, avant même de donner vie à des êtres aussi éminents que lui-même, a-t-il, peu après son retour d'un continent étranger, été pris du désir de s'exprimer en une langue, non sienne, mais fortement racinée en lui ? D'imprimer à compte d'auteur des plaquettes conçues dans cette langue, non sans tabler, ô rêve candide, sur un retentissement possible dans le monde anglo-saxon, alors que le seul recueil de poèmes portugais publié de son vivant, Mensa-gem (*Message*), dut attendre cet événement jusqu'à la fin de 1934, l'année qui précéda sa mort ?

Au début de ce siècle, la langue véhiculaire du Portugal était le français, l'anglais n'y ayant que peu de lecteurs, hormis dans la haute aristocratie et dans le monde des affaires. L'emploi de cette langue dans le poème était à mon sens l'équivalent d'un masque, d'un déguisement (Stendhal en usait volontiers dans ses écrits intimes — comment un Pessoa-Persona s'en fût-il privé ?). Très minces sont les quatre brochures que l'on peut voir aujourd'hui sous vitrine : les 35 Sonnets, *néo-platoniciens autant que les volutes de John Lily et de John Donne, dont l'auteur reproduit la facture, les réitérations, le « métaphysicisme » souvent forcé, les raffinements à l'italienne et, somme toute, l'ambiguïté. Le lecteur anglais d'aujourd'hui, fort rare, je le crains, admire abstraitement un tel savoir-faire et demeure coi devant ce livresque dans le bien-dire, moins créateur qu'artificieux, moins musical que musiciste. Il reste peu à ajouter à propos d'Inscriptions (ou « Épitaphes »), inspi-rées de l'Anthologie grecque avec une rare capacité de mimétisme. Tout, l'ellipse, la noblesse hautaine, l'impact sentencieux, s'apparente aux odes et aux épigrammes de Ricardo Reis, sage désabusé, styliste précis et précieux, gnomique et captif de sa gaine de resserrement. Je veux dire que tout est parfait et me rappelle une représentation des Perses d'Eschyle que j'entendis un jour à Cambridge, en grec avec une pointe d'accent écossais : de l'antique frais retiré du congélateur.*

Rien de cette impassibilité ne froidit les deux autres poèmes anglais de Pessoa, qui eussent effaré, eux, les lecteurs par leurs effilochures de contre-victorianisme : Antinoüs, *érotique mais décent, où s'épousent avec une délicatesse compassée la nudité du jeune noyé du Nil et le deuil de l'empereur soucieux de le magnifier dans la statuaire qui préserve la perfection des formes. Différent est*

Epithalamium, *obscène au dire même de son auteur : les hantises et le voyeurisme d'une jeune épousée au matin de ses noces qui imagine en son détail le mécanisme de sa défloraison dans le théâtre d'ombres d'un éréthisme à l'état brut.*

Ne réduisons pas la portée de ces poèmes anglais d'un homme que nous savons rétif à tout contact physique : « *Ne me prenez pas par le bras, je n'aime pas qu'on me prenne par le bras* », *ou cette réaction empruntée au* Premier Faust *:* « *Vile métaphysique de l'horreur de la chair/Peur de l'amour* », *ou encore cet axiome extrait des* Pages *de* doctrine esthétique *:* « *L'instinct sexuel, qui tend normalement vers le sexe opposé est le plus rudimentaire des instincts moraux : la sexualité est une éthique animale, la première et la plus instinctive des éthiques.* »

*On en douterait en lisant les scènes sado-masochistes de l'*Ode maritime *ou les préfaces, traductions et manifestes de Pessoa en faveur de son contemporain Antonio Botto, chantre portugais de l'amour grec. Revenant à l'innocente bluette de la liaison avortée dont Ophélia fut la sacrifiée, qu'il me suffise de tirer de la lettre de rupture provisoire qui lui fut adressée le 29 novembre 1920 cette phrase révélatrice :* « *Mon destin appartient à une autre Loi, dont vous ne connaissez même pas l'existence, Ophélia, et il est de plus en plus subordonné aux Maîtres qui ne permettent ni ne pardonnent.* »

Cette hauteur de ton appelle quelques éclaircissements. Ces maîtres n'étaient ni des bateleurs de foire ni des régents pédantesques. Le Ben Jonson de Durban était copieusement feuilleté, tout comme le furent plus tard Raimond Lulle et les Renaissants, Marlowe, Kyd, Chapman, Raleigh, Maurice Scève, Béroalde de Verville, Pontus de Tyard. Jacques de Molay, dernier grand maître de l'ordre du Temple, brûlé sur le bûcher par ordre de Philippe le Bel, fut pour Pessoa l'objet d'un culte ; Gœthe, féru de pratiques initiatiques, mêmement. Il ne semble pas qu'il ait connu le swedenborgien Milosz, à qui orphisme et entrevision étaient familiers.

Légendaires, en tout cas, sont restés ses rapports avec Alister Crowley, mi-mage, mi-aigrefin, agent secret de l'Intelligence Service qui battait le pavé sous des noms d'emprunt : Maître Thérion, la Bête 666. Il écrivait, et ses poèmes pénétrés d'illuminisme n'étaient pas sans valeur. Les deux hommes se donnèrent rendez-vous à Lisbonne, mais l'histoire finit dans la cocasserie : le chevalier d'industrie machina sa propre disparition en abandonnant ses vêtements dans la « Bouche d'Enfer », grotte marine proche de Cascais. Je ne dirai pas la suite, digne de la « série noire », hormis que Pessoa, dont la candeur fut blousée par l'agent double, fut assez généreux pour publier une fort bonne traduction de son Hymne à Pan.

Encore qu'il éparpillât dans la presse des vues autres que littéraires, Pessoa se laissait aller parfois à des exposés politiques ; ainsi, une Théorie de la république aristocratique *dont le titre ne laissait aucune place à l'équivoque. En 1917, au plus fort de son zèle futuriste, il prêche « l'abolition totale du concept de démocratie et la substitution du collectif à l'individu ». En 1928 paraît son* Interrègne, *ou* défense et justification de la dictature militaire au Portugal, *qu'il n'aura aucune peine à désavouer par la suite : nul ne fut plus antisalazariste que lui.*

*En fait, il était, depuis son enfance, gagné à cette doctrine d'essence spiritualiste qui a fait fortune dans son pays sous le nom de sébastianisme. Tout un peuple ne cesse d'attendre depuis le 4 août 1578, date de la bataille marocaine d'Alcazar Kebir, où disparut le jeune et mystique souverain portugais, le retour en majesté de l'*Encoberto — *ou « Dissimulé ». Des prophéties ont couru, le sang a coulé des deux côtés de l'Atlantique pour et contre cette improuvable foi. Augusto Ferreira Gomes ayant publié en 1934,* *inspiré par le R.P. Vieira, un* Quint Empire *dont Pessoa rédigea la préface, une espérance prit corps : l'interprétation du songe de Nabuchodonosor selon le prophète Daniel doit aboutir, après la chute des quatre royaumes transitoires de la vision (Grèce, Rome, Chrétienté, Europe), à la suprématie d' « un empire sans fin dont la domination ne passera jamais à un autre peuple ; il brisera et anéantira tous les autres, et lui-même subsistera éternellement ». Ainsi est proclamée par d'hermétiques approches la gloire d'un Occident proprement lusitanien. Amen, que dire d'autre ?*

Ne cherchons pas ailleurs la genèse de Message, *dont le titre initial devait être « Portugal » : un rituel sacramental qui s'acccompagne de termes de blason. Chacune de ces gemmes du merveilleux somme un mythe de la fable et d'un passé vécu : des rois, des souveraines venues du Nord, un connétable, des hommes de mer, un savetier doué des mêmes pouvoirs que Nostradamus : une épopée en miniature, et sans emphase. A ce futur d'une nation vouée à la transcendance le Secrétariat de la Propagande nationale — dénomination affligeante — attribua le prix de deuxième catégorie, plus chichement que le jury sud-africain des années d'apprentissage. De ce tout petit livre parcouru du souffle de la grandeur, et christique, j'y insiste, le tort était d'exiger du lecteur qu'il eût le sens de l'histoire, et que du sang portugais coulât dans ses veines. Il n'est pas une strophe qui ne nécessite une exégèse implicite — ainsi le bref poème évoquant Dom Diniz (1279-1325), roi-poète qui fit planter la zone côtière de Leiria de jeunes pins appelés à fournir le bois des armadas qui écumèrent les océans des Découvertes :*

Dans la nuit il compose un de ses Chants d'Ami,
le roi planteur de vaisseaux à venir :
Dans l'oreille silence et murmure intérieur :
C'est la rumeur des pins qui, tel un blé
D'Empire, ondulent invisibles.

Ruisseau, ce chant du roi, jeune et pur,
Est en quête de l'océan encore à découvrir
Et ce parler des pins, tumulte obscur,
Est le son actuel de cette mer future,
C'est la voix de la terre aspirant à la mer.

En marge de Message, *Pessoa nous a laissé maint poème hermétique, comme la séquence du* Chemin de croix *avec ses images inégalées : celle, entre autres, du regard que jette le petit roi Boabdil sur Grenade abandonnée : toujours ce culte de la vue — un prince dépossédé parmi les remous de l'histoire ; lueurs sulfureuses, contemporains marqués du signe de Saturne, allégories où affleure un thème des Upanishad, fulguration de l'illuminisme rosicrucien, il faut arrêter la liste de tant de dons prœternaturels.*

Complexe au-delà de toute expression, il nous a, prévoyant peut-être notre embarras devant l'écheveau de ses contradictions, gratifiés d'un truchement : un « personnage littéraire », un « semi-hétéronyme » tard venu en librairie en 1982 —, les deux volumes de Bernardo Soares portant le titre de Livro do desassossego *: Le Livre de l'inquiétude ou, si l'on admet cette approximation voulue : « Le livre du remuement intérieur ». On y trouve l'image brouillée de l'homme Pessoa, comptable comme lui en de banales officines, impitoyablement asocial et mythomane dans les fragments d'un journal intime doublement apocryphe : « Je ne me souviens pas de ma mère... mon père, qui vivait loin, s'est tué quand j'avais trois ans et je ne l'ai jamais connu ». En écho à Amiel qui l'a beaucoup marqué, il confesse son horreur d'être né d'un acte sexuel. Dans cette multitude de fragments narcissiques, décousus autant que les petits papiers de Pascal, il relate des faits divers, des scènes de la rue avec autant de pointe qu'un Jules Renard et de désespérance qu'un Cioran : « Nous n'aimons jamais quel-*

qu'un. Dans le meilleur cas, nous aimons l'idée que nous nous faisons de quelqu'un. C'est un concept purement nôtre — en somme, c'est nous-mêmes que nous aimons... Dans une cellule ou au désert on trouve l'infini. Sur une pierre on dort cosmiquement. »

Bernardo Soares, qui ne nous a laissé, dans son inorganisation, que quelques poèmes fluets, est un Pessoa indicatif, mais inabouti. On a pu dénombrer une quinzaine d'hétéronymes, de très inégale valeur, dans le trop-plein du coffre rustique où sont entassées les dépouilles de l'inépuisable polygraphe. En découvrir la matière et la valeur ne fut pas le fait de rats de bibliothèque, mais de quelques jeunes vivants passionnés, dans un pays en plein éveil, par l'ascendant de La Nouvelle Revue Française, qui animèrent à Coimbra, à partir de 1927, la prestigieuse revue Presença. Leur mérite fut de mettre à son rang — José Régio et João Gaspar Simões les premiers — l'aîné encore obscur dont ils proclamèrent la grandeur, et qui leur assura volontiers sa collaboration. Un heureux hasard fit qu'un Français de leur âge, lecteur à l'Université, sympathisa avec eux et adopta leurs enthousiasmes. La chaleur de son tempérament et sa vivacité normalienne facilitèrent les contacts entre lui et l'homme toujours secret de Lisbonne. Il y eut des signes d'encre et quelques entrevues ; c'est ainsi que Pierre Hourcade fut le premier des Français à le présenter chez nous et à traduire quelques poèmes de sa plume, notamment dans les Cahiers du Sud, dès janvier 1933 : une date, et un honneur.

Octobre 1935 avait été choisi par Fernando Pessoa pour la publication d'un premier livre d'importance. Le 29 novembre, usé par la vie intérieure et terrassé par une crise de coliques hépatiques, il fut admis à l'hôpital Saint-Louis des Français. Avant de s'endormir, il traça sur un papier : « I know not what to-morrow will bring » (je ne *sais ce que demain apportera). Ce fut la mort, et le monde ignora à quel point il s'était appauvri*

Nous commençons maintenant à savoir qu'un Paracelse de 1914 a fait éclater, non dans une cornue, mais dans un cerveau humain, trente et un ans avant Hiroshima, la première bombe atomique du siècle. Ne détruisant que l'égoïsme du moi, elle a donné naissance à une portée de vivants qui se sont exprimés sur le mode pluriel. Du panthéon portugais des Jéronimos, où depuis l'an passé il veille auprès de ses compagnons d'éternité Camoens et Vasco de Gama, nous entendons, aussi bien au Yucatán que dans l'aire du serbo-croate, une voix augurale proférer : « je passe et je demeure, comme l'Univers. »

Une existence atomisée est partie de l'auto-négation et du scepticisme devant le peu de réalité de toute chose : « Mon Dieu, mon Dieu, à quoi assisté-je ? Quel est cet intervalle entre moi et moi ?... Pour créer, je me suis détruit — je me suis tellement extériorisé au-dedans de moi qu'en moi je n'existe qu'extérieurement : je suis la scène vivante où passent divers acteurs qui représentent des pièces diverses » (signé Pessoa, ou Soares ? il n'importe, c'est tout un). La confuse maladie de s'éprouver a fait jaillir dans la prolifération les étincelles de la certitude. « Feindre, c'est se connaître » est devenu le mot de passe des aventuriers de l'auto-connaissance.

Comparer à d'autres Pessoa l'unique — nous l'avons tous fait — est vain. Apollinaire, Hopkins, Svevo, Lorca, Rilke, Kafka, Ungaretti, Michaux, étaient d'une essence parente, mais il surplombe cette ligne de crête. Dans sa langue d'inventeur, il a su matérialiser l'abstraction. Esprit religieux dont le doute est une force, insomniaque dont l'état d'éveil est zébré d'éclairs, velléitaire qui ne manque jamais le train (il ne voyage qu'en lui-même), habillant sa tendresse de cris, il s'est dépassé en plongeant aux abysses atlantiquement glauques de l'altérité. Par lui l'énigme ontologique est *résolue aussitôt que posée — du moins ne cesse-t-il, ce raté de l'humble vie mortelle, de nous associer, sensationniste dans l'au-delà, au foisonnement de ses contradictions, poignantes comme le vrai.*

ARMAND GUIBERT

Le Gardeur de troupeaux

et les autres poèmes
d'Alberto Caeiro

NOTES EN MÉMOIRE
DE MON MAÎTRE CAEIRO

par

ALVARO DE CAMPOS

J'ai connu mon maître Caeiro en des circonstances exceptionnelles — comme toutes les circonstances de la vie, et surtout celles qui, sans être rien en soi, sont appelées à être tout dans leurs résultats.

J'abandonnai peu avant leur terme mes études écossaises de génie naval; je fis un voyage en Orient; au retour, débarquant à Marseille, comme j'éprouvais une grande lassitude à la pensée de continuer, je rentrai à Lisbonne par la voie terrestre. Un de mes cousins m'emmena un jour en excursion dans le Ribatejo; il connaissait un cousin de Caeiro, avec qui il était en relation d'affaires. C'est sous le toit de ce cousin qu'eut lieu ma première rencontre avec celui qui devait être mon maître. Il n'y a rien d'autre à conter, car la chose est mince, comme toute fécondation.

Je le vois encore, avec une clarté de l'âme que n'embuent aucunement les larmes du souvenir, parce que la vision n'est pas externe... Je le vois devant moi, et peut-être le verrai-je éternellement ainsi que je le vis pour la première fois. Tout d'abord, les yeux bleus d'enfant sans frayeur; ensuite, les pommettes un peu saillantes, une légère pâleur du front et cet air grec qui venait du dedans; c'était un grand calme, et non extérieur, car ce n'était ni un ensemble de traits ni une expression. Les cheveux, presque abondants, étaient blonds, mais, sous un éclairage atténué, ils tiraient sur le châtain. La taille était moyenne, avec tendance à paraître plus haute, mais un peu voûtée, et les épaules basses. Le geste était peu démonstratif, le sourire naturel ; la voix était égale, le ton celui d'un homme qui ne cherche à dire que ce qu'il dit — une voix ni haute ni basse, claire, exempte d'intentions, d'hésitations, de complexes. Le regard était d'un bleu qui ne cessait de vous fixer. L'observateur était-il frappé par une singularité, il la découvrait dans le front qui, sans être haut, était puissamment blanc. Je le répète : c'était par sa blancheur qui paraissait supérieure à la pâleur du visage, qu'il avait de la majesté. Les mains assez fines, mais point trop ; la paume était grande. L'expression de la bouche, la dernière chose que l'on remarquait — comme si le don de la parole eût été, pour cet homme, moins que le fait d'exister — était celle d'un sourire comme celui qu'on attribue en poésie aux choses inanimées qui sont belles uniquement parce qu'elles plaisent — fleurs, champs vastes, eaux ensoleillées — un sourire tenant à l'existence, non à la parole.

Mon maître, mon maître, si tôt perdu ! Je le revois dans l'ombre qu'en moi je suis, dans le souvenir que je conserve de ce qu'il y a de mort en moi...

Ce fut au cours de notre premier entretien... Je ne sais comme, il en vint à dire : « Il y a ici un certain Ricardo Reis qui aimera certainement vous connaître : il est très différent de vous » — sur quoi il ajouta : « Tout est différent de nous, et c'est par là que tout existe. »

Cette phrase, proférée comme un axiome de la terre, exerça sur moi la séduction d'une secousse sismique, comme celle de toutes les premières possessions, qui pénétra jusqu'aux fondations de mon âme. Mais, à l'inverse de la séduction matérielle, l'effet en moi fut de recevoir tout à coup, dans toutes mes sensations, une virginité qui jusque-là m'avait fait défaut.

Alors que je faisais un jour allusion à la conception directe des choses, qui caractérise la sensibilité de Caeiro, je lui citai, avec une tout amicale malignité, les termes par lesquels Wordsworth désigne un insensible :

> *A primrose by the river's brim*
> *A yellow primrose was to him,*
> *And it was nothing more.*

Et je traduisis (en omettant la traduction de *primrose,* car je ne sais le nom ni des fleurs ni des plantes) : « Une fleur au bord de la rivière — était pour lui une fleur jaune — rien de plus elle n'était. »

Mon maître Caeiro se mit à rire : « Cette simplicité convenait parfaitement : une fleur jaune n'est en fait rien d'autre qu'une fleur jaune. »

Mais tout à coup il réfléchit.

« Il y a une différence, ajouta-t-il. Cela dépend si l'on considère la fleur jaune comme une des diverses fleurs jaunes, ou bien comme cette fleur jaune en soi. »

Il dit ensuite : « Ce que votre poète anglais voulait dire, c'est que pour l'individu en question cette fleur jaune était chose d'observation courante, chose déjà connue. Voilà précisément ce qui cloche. Toute chose que nous voyons, nous devons la voir toujours pour la première fois, parce que en réalité c'est la première fois que nous la voyons. Et alors chaque fleur jaune est une nouvelle fleur jaune, fût-elle ce qu'on appelle la même que la veille. La personne n'est plus la même et la fleur non plus. Le jaune lui-même ne saurait plus être le même. Il est regrettable que les gens n'aient pas exactement les yeux propres à leur enseigner cela, car autrement nous serions tous heureux. »

*

Mon maître Caeiro n'était pas un païen : il était le paganisme même. Ricardo Reis est un païen, Antonio

Mora est un païen, et je suis un païen ; Fernando Pessoa lui-même serait un païen, s'il n'était un écheveau enroulé en dedans. Mais Ricardo Reis est païen par caractère, Antonio Mora païen par intelligence, moi je suis païen par révolte, c'est-à-dire par tempérament. Chez Caeiro le paganisme se passait d'explication : c'était un phénomène de consubstantiation.

Je vais définir cela de la façon dont se définissent les choses indéfinissables : par l'échappatoire de l'exemple. Une des choses qui nous ébranlent le plus nettement par rapport aux Grecs, c'est, chez ces derniers, l'absence du concept de l'infini, la répugnance de l'infini. Or mon maître Caeiro avait précisément ce même non-concept. Je vais rapporter, avec, je le crois, une grande exactitude, la conversation surprenante au cours de laquelle il me le révéla.

Il me signalait, en développant d'ailleurs ce qu'il dit dans un des poèmes du *Gardeur de troupeaux,* que je ne sais qui l'avait appelé un jour « poète matérialiste ». Sans trouver l'expression juste, car mon maître Caeiro n'est définissable par aucune phrase juste, il dit toutefois que le qualificatif n'était pas totalement absurde. Et je lui expliquai tant bien que mal ce qu'est le matérialisme classique. Caeiro m'écouta attentivement, un air doulou-reux sur le visage, après quoi il me dit brusquement :

— Mais voilà qui est fort stupide. C'est une histoire de curés sans religion, et par conséquent sans aucune excuse.

Interdit, j'attirai son attention sur diverses similitudes entre le matérialisme et sa doctrine à lui, à la réserve de la poésie de ladite doctrine. Caeiro protesta :

— Mais c'est ce que vous appelez poésie qui est tout. Ce n'est même pas poésie : c'est voir. Ces matérialistes-là sont aveugles. Vous dites qu'ils prétendent que l'espace est infini. Où ont-ils vu cela dans l'espace ?

Et moi, désorienté :

— Vous ne concevez donc pas l'espace comme infini ?

— Je ne conçois rien comme infini. Comment pourrais-je concevoir une chose quelconque comme infinie ?

— Mon ami, lui dis-je, supposez un espace. Au-delà de cet espace il y a encore plus d'espace, et encore au-delà, et ensuite davantage, et toujours plus. Cela n'en finit pas.

— Pourquoi ? dit mon maître Caeiro.

Je me trouvai pris dans un séisme mental.

— Supposez que cela finisse, m'écriai-je. Qu'y a-t-il ensuite ?

— Si cela finit, il n'y a rien ensuite, répondit-il.

Ce genre d'argumentation, enfantin ensemble que féminin, et par là même irréfutable, paralysa mes facultés quelques instants.

— Mais vous concevez donc cela ? laissai-je enfin échapper.

— Concevoir quoi ? Qu'une chose ait des limites ! Allons donc ! Ce qui n'a pas de limites n'existe pas. L'existence implique autre chose, et par conséquence que toute chose soit limitée. En fait, est-il si difficile de concevoir qu'une chose est une chose, et non une autre chose qui la prolonge indéfiniment ?

À ce point, je sentis de façon charnelle que j'étais en train de discuter, non avec un autre homme, mais avec un autre univers. Je fis une ultime tentative, par un biais que je m'astreignis à trouver légitime.

— Voyez-vous, Caeiro... Considérez les nombres... Où finissent les nombres ? Prenons un nombre quelconque : 34, par exemple. Au-delà de celui-ci nous avons 35, 36, 37, 38, et ainsi sans pouvoir nous arrêter. Il n'est de nombre si grand qui ne suppose un nombre plus grand encore...

— Mais ce sont là des nombres, protesta mon maître Caeiro.

Et puis il ajouta, me regardant avec une impressionnante candeur :

— Qu'est-ce que le 34 dans la Réalité ?

Il est des phrases soudaines, profondes parce qu'elles viennent du tréfonds de l'être, qui définissent un homme, ou, plutôt, avec lesquelles un homme se définit sans définition. Je ne saurais oublier celle par laquelle Ricardo Reis se définit un jour devant moi. On parlait de mentir, et il dit : « *J'abomine le mensonge, parce que c'est une inexactitude.* » Tout Ricardo Reis — passé, présent et à venir — se trouve dans ces mots.

Mon maître Caeiro, du fait qu'il ne disait que ce qui était, peut être défini par n'importe laquelle de ses phrases, écrite ou parlée, surtout après la période qui commence au milieu du *Gardeur de troupeaux*. Mais, parmi tant de phrases qu'il a écrites et qui sont imprimées, entre toutes celles qu'il m'a dites — que je les rapporte ou non — celle qui le résume avec la plus grande simplicité est celle qu'il me dit une fois à Lisbonne. On parlait de je ne sais quoi qui portait sur les relations de chacun avec soi-même. Et je demandai tout à trac à mon maître Caeiro : « Est-ce que vous êtes content de vous ? » Et lui de répondre : « Non : je suis content. » C'était comme la voix de la terre, qui est tout et personne.

*

Mon maître Caeiro, jamais je ne l'ai vu triste. Je ne sais s'il l'était au moment de sa mort, ou les jours qui la précédèrent. Il serait possible de le savoir, mais la vérité est que je n'ai jamais osé poser de question sur cette mort et sur la façon dont elle est advenue à ceux qui en ont été les témoins.

En tout cas, ce fut une des angoisses de ma vie — des angoisses qui ont été réelles parmi tant d'autres qui furent factices — que Caeiro soit mort sans que je fusse auprès de lui. Cela est stupide mais humain, et c'est ainsi.

J'étais en Angleterre. Ricardo Reis lui-même n'était pas à Lisbonne : il était de retour au Brésil. Il y avait bien Fernando Pessoa, mais c'est comme s'il avait été absent. Fernando Pessoa sent les choses, mais il ne bouge pas, fût-ce en son for intérieur.

Rien ne me console de n'avoir pas été à Lisbonne ce jour-là, hormis cette consolation que le fait de penser à mon maître Caeiro, ou à ses vers, ainsi que l'idée même du néant — de toutes la plus épouvantable si l'on pense avec la sensibilité — ont, dans l'œuvre et dans l'évocation de mon maître très cher, quelque chose de lumineux et de haut, comme le soleil sur les neiges des pics inaccessibles.

ALVARO DE CAMPOS.

I

LE GARDEUR DE TROUPEAUX

I

Jamais je n'ai gardé de troupeaux,
mais c'est tout comme si j'en gardais.
Mon âme est semblable à un pasteur,
elle connaît le vent et le soleil
et elle va la main dans la main avec les Saisons,
suivant sa route et l'œil ouvert.
Toute la paix d'une Nature dépeuplée
auprès de moi vient s'asseoir.
Mais je suis triste ainsi qu'un coucher de soleil
est triste selon notre imagination,
quand le temps fraîchit au fond de la plaine
et que l'on sent la nuit entrée
comme un papillon par la fenêtre.

Mais ma tristesse est apaisement
parce qu'elle est naturelle et juste
et c'est ce qu'il doit y avoir dans l'âme
lorsqu'elle pense qu'elle existe
et que des mains cueillent des fleurs à son insu.

D'un simple bruit de sonnailles
par-delà le tournant du chemin
mes pensées tirent contentement.
Mon seul regret est de les savoir contentes,

car si je ne le savais pas,
au lieu d'être contentes et tristes,
elles seraient joyeuses et contentes.

Penser dérange comme de marcher sous la pluie
lorsque s'enfle le vent et qu'il semble pleuvoir plus fort.

Je n'ai ni ambitions ni désirs.
Être poète n'est pas une ambition que j'aie,
c'est ma manière à moi d'être seul.

Et s'il m'advient parfois de désirer
par imagination pure, être un petit agneau
(ou encore le troupeau tout entier
pour m'éparpiller sur toute la pente
et me sentir mille choses heureuses à la fois),
c'est uniquement parce que j'éprouve ce que j'écris au
    coucher du soleil,
ou lorsqu'un nuage passe la main par-dessus la lumière
et que l'herbe est parcourue des ondes du silence.

Lorsque je m'assieds pour écrire des vers,
ou bien, me promenant par les chemins et les sentiers,
lorsque j'écris des vers sur un papier immatériel,
je me sens une houlette à la main
et je vois ma propre silhouette
à la crête d'une colline,
regardant mon troupeau et voyant mes idées,
ou regardant mes idées et voyant mon troupeau
et souriant vaguement comme qui ne comprend ce qu'on
    dit
et veut faire mine de comprendre.

Je salue tous ceux qui d'aventure me liront,
leur tirant un grand coup de chapeau
lorsqu'ils me voient au seuil de ma maison

dès que la diligence apparaît à la crête de la colline.
Je les salue et je leur souhaite du soleil,
et de la pluie, quand c'est de la pluie qu'il leur faut,
et que leurs maisons possèdent
auprès d'une fenêtre ouverte
un siège de prédilection
où ils puissent s'asseoir, lisant mes vers.
Et qu'en lisant mes vers, ils pensent
que je suis une chose naturelle —
par exemple, le vieil arbre
à l'ombre duquel, encore enfants,
ils se laissaient choir, las de jouer,
en essuyant la sueur de leur front brûlant
avec la manche de leur tablier à rayures.

II

Mon regard est net comme un tournesol.
J'ai l'habitude d'aller par les chemins,
jetant les yeux de droite et de gauche,
mais en arrière aussi de temps en temps...
Et ce que je vois à chaque instant
est ce que jamais auparavant je n'avais vu,
de quoi j'ai conscience parfaitement.
Je sais éprouver l'ébahissement
de l'enfant qui, dès sa naissance,
s'aviserait qu'il est né vraiment...
Je me sens né à chaque instant
à l'éternelle nouveauté du Monde...

Je crois au monde comme à une pâquerette,
parce que je le vois. Mais je ne pense pas à lui
parce que penser c'est ne pas comprendre...
Le Monde ne s'est pas fait pour que nous pensions à lui
(penser c'est avoir mal aux yeux)
mais pour que nous le regardions avec un sentiment
    d'accord...

Moi je n'ai pas de philosophie : j'ai des sens...
Si je parle de la Nature, ce n'est pas que je sache ce qu'elle
    est,

mais parce que je l'aime, et je l'aime pour cette raison
que celui qui aime ne sait jamais ce qu'il aime,
ni ne sait pourquoi il aime, ni ce que c'est qu'aimer...

Aimer, c'est l'innocence éternelle,
et l'unique innocence est de ne pas penser.

III

Entre chien et loup, penché à la fenêtre,
et sachant comme en biais qu'il y a des champs en face,
je lis jusqu'à ce que les yeux me brûlent
le livre de Cesário Verde[1].

De quel cœur je le plains ! C'était un campagnard
qui marchait captif en liberté dans les rues de la ville.
Mais la façon dont il regardait les maisons,
et la façon dont il observait les rues,
et la manière dont il s'avisait des choses,
c'est le style de l'homme qui regarde les arbres,
et qui abaisse les yeux vers la route où il chemine
et qui remarque les fleurs qui se trouvent dans les
    champs...

Voilà pourquoi il avait cette grande tristesse
qu'il n'a jamais bien avouée,
mais il marchait dans la ville comme on marche à la
    campagne,
et triste comme le fait d'écraser des fleurs dans des livres
et de mettre des plantes dans des vases...

1. Cesário Verde (1855-1886), poète dont l'unique recueil est empreint
de langueur et illustré des scènes de la vie de Lisbonne. *(N.d.T.)*

IV

L'orage ce soir s'est abattu,
dévalant les pentes du ciel
ainsi qu'une énorme avalanche...
A l'instar de quelqu'un secouant une nappe
par une fenêtre haute,
et les miettes, qui tombent toutes ensemble,
font un certain bruit dans leur chute,
du ciel la pluie descendait
au point de noircir les chemins...

Comme les éclairs secouaient l'atmosphère
et ébranlaient l'espace
ainsi qu'une grande tête qui fait non,
je ne sais pourquoi — je n'avais pas peur —
je me mis à prier sainte Barbe
comme si j'avais été une quelconque vieille fille...

Ah, c'est qu'en priant sainte Barbe
je me sentais encore plus simple
que ce que je me crois en vérité...
Je me sentais l'âme modeste et casanière
d'un homme dont la vie s'est écoulée
tranquillement, comme le mur de l'enclos ;
doué d'idées et de sentiments parce que c'est ainsi,

comme une fleur a sa couleur et son parfum.
Je me sentais homme à croire à sainte Barbe...
Ah, pouvoir croire à sainte Barbe !

Celui qui croit à l'existence de sainte Barbe
doit penser qu'elle est une créature visible
ou bien alors que peut-il penser d'elle ?

(Quel artifice ! Que savent de sainte Barbe
les fleurs, les arbres et les troupeaux ?
Une branche d'arbre, si elle pensait,
jamais ne pourrait construire saints ni anges.
Elle pourrait penser que le soleil
est Dieu, et que l'orage
est une multitude de gens
en colère au-dessus de nos têtes...
Ah, comme les plus simples des hommes
sont malades et stupides et confus
auprès de la claire simplicité
et de la toute saine existence
des arbres et des plantes !)

Et moi, brassant toutes ces pensées,
je m'en retrouvai moins heureux...
J'en restai morfondu, mélancolique et sombre
comme un jour où tout le jour l'orage menace
et la nuit tombe sans qu'il ait éclaté...

V

Il y a passablement de métaphysique dans la non-pensée.

Ce que je pense du monde ?
Le sais-je, moi, ce que je pense du monde ?
Si je tombais malade j'y penserais.

Quelle idée je me fais des choses ?
Quelle opinion sur les causes et les effets ?
Qu'ai-je médité sur Dieu et sur l'âme
et sur la création du Monde ?
Je ne sais. Pour moi penser à ces choses c'est fermer les
    yeux
et ne pas penser. C'est tirer les rideaux
de ma fenêtre (mais de rideaux elle n'a pas l'ombre).

Le mystère des choses ? Mais que sais-je, moi, du
    mystère ?
Le seul mystère, c'est qu'il y ait des gens pour penser au
    mystère
celui qui est au soleil et qui ferme les yeux,
se met à ne plus savoir ce qu'est le soleil

et à penser maintes choses pleines de chaleur.
Mais il ouvre les yeux et voit le soleil
et il ne peut plus penser à rien
parce que la lumière du soleil vaut plus que les pensées
de tous les philosophes et de tous les poètes.
La lumière du soleil ne sait pas ce qu'elle fait.
Et partant elle ne se trompe pas, elle est commune et
  bonne.

Métaphysique ? Quelle métaphysique ont donc ces
  arbres ?
Celle d'être verts et touffus et d'avoir des branches
et de donner des fruits à leur heure, ce qui ne nous donne
  pas à penser,
nous autres, qui ne savons nous aviser de leur existence.
Mais, quelle métaphysique meilleure que la leur
qui est de ne pas savoir pourquoi ils vivent
et de ne pas savoir non plus qu'ils ne le savent pas ?

« Constitution intime des choses... »
« Signification intime de l'Univers... »
Tout cela est faux, tout cela ne veut rien dire.
Il est incroyable que l'on puisse penser à ces choses.
C'est comme de penser à des raisons et à des fins
lorsque luit le début du matin, et que sur le flanc des
  arbres
un or vague et lustré perd peu à peu sa part d'ombre.

Penser à la signification intime des choses,
c'est une chose ajoutée, comme de penser à la santé
ou de porter un verre à l'eau des sources.

L'unique signification intime des choses,
c'est le fait qu'elles n'aient aucune intime signification.

Je ne crois pas en Dieu parce que je ne l'ai jamais vu.
S'il voulait que je croie en lui.
Sans doute viendrait-il me parler
et entrerait-il chez moi par la porte
en me disant : *Me voici !*

(Peut-être cela est-il ridicule à entendre
pour qui, ne sachant ce que c'est que regarder les choses,
ne comprend pas celui qui parle d'elles
avec la façon de parler qu'enseigne le fait de les observer.)

Mais si Dieu est les fleurs et les arbres
et les monts et le soleil et le clair de lune,
alors je crois en lui,
alors je crois en lui à toute heure,
et ma vie est toute oraison et toute messe,
et une communion par les yeux et par l'ouïe.

Mais si Dieu est les arbres et les fleurs
et les montagnes et le clair de lune et le soleil,
pourquoi est-ce que je l'appelle Dieu ?
Je l'appelle fleurs et arbres et monts et soleil et clair de
    lune ;
parce que, s'il s'est fait, afin que je le voie,
soleil et clair de lune et fleurs et arbres et monts,
s'il m'apparaît comme étant arbres et monts
et clair de lune et soleil et fleurs,
c'est qu'il veut que je le connaisse
en tant qu'arbres et monts et fleurs et clair de lune et
    soleil.

Et c'est pourquoi je lui obéis
(que sais-je de plus de Dieu que Dieu de lui-même ?)
je lui obéis en vivant, spontanément,
en homme qui ouvre les yeux et voit,

et je l'appelle clair de lune et soleil et fleurs et arbres et
   monts
et je l'aime sans penser à lui,
et je le pense par l'œil et par l'oreille
et je chemine avec lui à toute heure.

VI

Penser à Dieu c'est désobéir à Dieu
car Dieu a voulu que nous ne le connaissions pas,
aussi à nous ne s'est-il pas montré...

Soyons simples et calmes
comme les ruisseaux et les arbres,
et Dieu nous aimera, nous rendant
beaux comme les arbres et les ruisseaux,
et il nous donnera la verdeur de son printemps
et un fleuve où nous jeter lorsque viendra la fin !...

VII

De mon village je vois de la terre tout ce qu'on peut voir
  de l'Univers...
C'est pour cela que mon village est aussi grand qu'un autre
  pays quelconque,
parce que je suis de la dimension de ce que je vois
et non de la dimension de ma propre taille...

Dans les villes la vie est plus petite
qu'ici dans ma maison à la crête de cette colline.
Dans les villes les immeubles verrouillent la vue,
cachent l'horizon, repoussent nos regards bien loin de tout
  le ciel,
nous rapetissent parce qu'ils nous ôtent ce que nos yeux
  peuvent nous donner,
et nous appauvrissent parce que notre unique richesse est
  de voir.

VIII

Par un après-midi de fin de printemps
j'ai fait un rêve semblable à une photographie.
J'ai vu Jésus-Christ descendre sur la terre,
par le versant d'une montagne
et redevenu enfant.
Il courait et se roulait dans l'herbe,
il arrachait des fleurs pour les éparpiller
et son rire éclatait à tous les échos.

Il s'était enfui du ciel.
Il était trop des nôtres pour se déguiser
en deuxième personne de la Trinité.
Au ciel tout était faux, et tout en désaccord
avec les fleurs et les arbres et les pierres.
Au ciel il devait garder son sérieux
et de temps à autre redevenir homme,
remonter sur la croix, et mourir sempiternellement
avec une couronne hérissée d'épines
et les pieds percés d'un clou à grosse tête,
et pour comble, un haillon autour de la taille
comme les nègres sur les images.
On ne lui permettait même pas d'avoir père et mère
comme les autres enfants.

Son père, c'étaient deux personnes :
un vieux nommé Joseph, qui était charpentier,
et qui n'était pas son père ;
et l'autre père était une inepte colombe,
la seule colombe laide du monde
car elle n'était pas de ce monde et elle n'était pas colombe.
Et sa mère n'avait pas aimé avant de l'avoir.

Elle n'était pas femme : c'était une valise
dans laquelle il était venu du ciel.
Et l'on voudrait que lui, né de sa seule mère,
et qui n'avait jamais eu de père à aimer respectueusement,
prêchât la bonté et la justice !

Un jour où Dieu était endormi
et que le Saint-Esprit volait dans les airs,
il s'en fut à la huche aux miracles et en déroba trois.
Avec le premier il fit que nul ne sût qu'il s'était échappé.
Avec le deuxième il se créa éternellement homme et
    enfant.
Avec le troisième il créa un Christ éternellement en croix
et il le laissa cloué sur la croix qui se trouve au ciel
et qui sert de modèle à toutes les autres.
Puis il s'enfuit vers le soleil
et descendit par le premier rayon qu'il empoigna.
Il habite aujourd'hui avec moi dans mon village.
C'est un bon petit gars rieur et plein de naturel.
Il s'essuie le nez avec le bras droit,
il patauge dans les flaques d'eau
il cueille les fleurs, il leur fait fête, il les oublie.
Il lance des pierres aux ânes,
il maraude dans les vergers
et il s'enfuit devant les chiens avec des cris et des pleurs
et, sachant bien qu'elles n'aiment pas ça
alors que tout le monde le trouve drôle,
il court derrière les filles

qui vont en bandes sur les routes
avec des cruches sur la tête
et il soulève leurs jupons.

Moi, il m'a tout appris.
Il m'a appris à regarder les choses.
Il me signale toutes les choses qu'il y a dans les fleurs.
Il me fait voir comme les pierres sont jolies
alors qu'on les tient dans la main
et qu'on les regarde doucement.

Il me dit beaucoup de mal de Dieu.
Il dit que c'est un vieillard stupide et malade,
toujours en train de cracher par terre
et de dire des grossièretés.
La Vierge Marie passe les veillées de l'éternité à tricoter
    des bas
et le Saint-Esprit se gratte du bec,
perché sur les fauteuils qu'il laisse empouacrés.
Tout au ciel est stupide comme l'Église Catholique.
Il me dit que Dieu n'entend goutte
aux choses qu'il a créées —
« si tant est qu'il les a créées, ce dont je doute » —
« il dit, par exemple, que les êtres chantent sa gloire,
mais les êtres ne chantent rien du tout.
S'ils chantaient, ils seraient des chanteurs.
Les êtres existent, un point, c'est tout,
et c'est pourquoi ils s'appellent des êtres. »
Là-dessus, las de dire du mal de Dieu,
l'Enfant Jésus s'endort dans mes bras
et dans cette posture je le ramène à la maison.

Il habite avec moi dans ma maison à mi-coteau.
Il est l'Enfant Éternel, le Dieu qui nous faisait défaut.
Il est l'humain qui est naturel,
il est le divin qui sourit et qui joue.

Voilà pourquoi je sais de toute certitude
qu'il est le véritable Enfant Jésus.

Et l'enfant à ce point humain qu'il en est dieu,
c'est cette vie quotidienne de poète que je mène,
et c'est parce que toujours il m'accompagne que je suis
    toujours poète,
et que le moindre de mes regards
me comble de sensation,
et que le son le plus ténu, d'où qu'il vienne,
a l'air de me parler personnellement.

L'Enfant Nouveau qui vit en ma demeure
me donne une main à moi
et l'autre à tout ce qui existe
et nous foulons ainsi tous trois le chemin de hasard,
avec des sauts et des chants et des rires,
tout à la joie de notre commun secret
qui est de savoir en tout lieu
qu'il n'y a pas de mystère en ce monde
et que toute chose vaut la peine d'être vécue.

Toujours m'accompagne l'Enfant Éternel.
La direction de mon regard, c'est son doigt qui montre le
    chemin,
mon ouïe joyeusement attentive à tous les sons,
ce sont les chatouilles qu'il me fait, par jeu, dans les
    oreilles.

Nous nous entendons si bien
en compagnie de toute chose
que jamais nous ne pensons l'un à l'autre,
mais nous vivons joints et distincts
en un accord intime
comme la main droite et la main gauche.

Quand vient le soir nous jouons aux osselets
sur la marche du seuil de la maison,
graves, ainsi qu'il convient à un dieu et à un poète,
et comme si chaque pierre
était tout un univers
et comme s'il y avait de ce fait un grand danger pour elle
à la laisser choir sur le sol.

Ensuite je lui conte des choses uniquement humaines
et il sourit, parce que tout est incroyable.
Il rit des rois et de ceux qui ne sont pas rois,
il se désole d'entendre parler des guerres,
et du négoce, et des navires
qui ne laissent que fumée dans l'air des hautes mers.
Parce qu'il sait que tout cela pèche contre cette vérité
qu'a la fleur lorsqu'elle fleurit
et qui accompagne la lumière du soleil
lorsqu'elle diversifie les monts et les vallées
et fait mal aux yeux à force de chaux sur les murs.

Ensuite il s'endort et je le couche.
Je le prends dans mes bras jusque dans la maison
et je le couche, le déshabillant lentement
et comme suivant un rituel très net
et tout maternel jusqu'à ce qu'il soit nu.

Il dort alors dans mon âme
et parfois il s'éveille la nuit
et il joue avec mes songes.
Certains, il les retourne jambes en l'air ;
les autres, il les entasse sens dessus dessous
et il bat des mains tout seul
en faisant risette à mon sommeil.

.   .   .   .

Quand je mourrai, mon tout petit bonhomme,
l'enfant, le plus petit, que ce soit moi...
Prends-moi dans tes bras
et porte-moi dans ta maison.
Déshabille mon être humain et fatigué
et dans ton lit couche-moi.
Puis conte-moi des histoires, si d'aventure je m'éveille,
afin que je m'endorme à nouveau —
et fais-moi jouer avec des rêves à toi
jusqu'à ce que naisse un jour
de toi seul connu.

. . . .

Voilà l'histoire de mon Enfant Jésus.
Pour quelle raison intelligible
ne serait-elle pas plus véritable
que tout ce que pensent les philosophes
et que tout ce que les religions enseignent [1] ?

1. Cf. la note de F. P., page 163.

IX

Je suis un gardeur de troupeaux.
Le troupeau ce sont mes pensées
et mes pensées sont toutes des sensations.
Je pense avec les yeux et avec les oreilles
et avec les mains et avec les pieds
et avec le nez et avec la bouche.

Penser une fleur c'est la voir et la respirer
et manger un fruit c'est en savoir le sens.

C'est pourquoi lorsque par un jour de chaleur
je me sens triste d'en jouir à ce point,
et couche de tout mon long dans l'herbe,
et ferme mes yeux brûlants,
je sens tout mon corps couché dans la réalité,
je sais la vérité et je suis heureux.

X

« Holà, gardeur de troupeaux,
sur le bas-côté de la route,
que te dit le vent qui passe ? »

« Qu'il est le vent, et qu'il passe,
et qu'il est déjà passé
et qu'il passera encore.
Et à toi, que te dit-il ? »

« Il me dit bien davantage.
De mainte autre chose il me parle,
de souvenirs et de regrets,
et de choses qui jamais ne furent. »

« Tu n'as jamais ouï passer le vent.
Le vent ne parle que du vent.
Ce que tu lui as entendu dire était mensonge,
et le mensonge se trouve en toi. »

XI

Cette dame a un piano
qui est agréable mais qui n'est pas le cours des fleuves
ni le murmure que font les arbres...

Pourquoi faut-il qu'on ait un piano?
Le mieux est qu'on ait des oreilles
et qu'on aime la Nature.

XII

Les bergers de Virgile jouaient du chalumeau et d'autres
    instruments
et chantaient d'amour littérairement.
(Ensuite — moi je n'ai jamais lu Virgile ;
et pourquoi donc l'aurais-je lu ?)

Mais les bergers de Virgile, les pauvres, sont Virgile,
et la Nature est aussi belle qu'ancienne.

XIII

Léger, léger, très léger,
un vent très léger passe
et s'en va, toujours très léger ;
je ne sais, moi, ce que je pense
ni ne cherche à le savoir.

XIV

Peu m'importent les rimes. Rarement
il est deux arbres semblables, l'un auprès de l'autre.
Je pense et j'écris ainsi que les fleurs ont une couleur
mais avec moins de perfection dans ma façon de m'ex-
    primer
parce qu'il me manque la simplicité divine
d'être en entier l'extérieur de moi-même et rien de plus.

Je regarde et je m'émeus.
Je m'émeus ainsi que l'eau coule lorsque le sol est en
    pente.
Et ma poésie est naturelle comme le lever du vent.

XV

Les quatre chansons qui suivent
s'écartent de tout ce que je pense,
elles mentent à tout ce que j'éprouve,
elles sont à l'opposé de ce que je suis...

Je les ai écrites alors que j'étais malade
et c'est pourquoi elles sont naturelles
et s'accordent à ce que j'éprouve,
elles s'accordent à ce avec quoi elles sont en désaccord...

Étant malade je dois penser l'inverse
de ce que je pense lorsque je suis bien portant
(sinon je ne serais pas malade),
je dois éprouver le contraire de ce que j'éprouve
lorsque je jouis de la santé,
je dois mentir à ma nature
d'être humain qui éprouve de certaine façon...
Je dois être tout entier malade — idées et tout.
Quand je suis malade, je ne suis pas malade pour autre
    chose.

C'est pourquoi ces chansons qui me désavouent
n'ont pas le pouvoir de me désavouer,
et elles sont le paysage de mon âme nocturne,
la même à l'envers...

XVI

Que ma vie n'est-elle un char à bœufs
d'aventure geignant sur la route, de grand matin,
et qui à son point de départ retourne
entre chien et loup par le même chemin...

Je n'aurais pas besoin d'espérances — de roues seules
    j'aurais besoin...
Ma vieillesse n'aurait ni rides ni cheveux blancs...
Lorsque je serais hors d'usage, on m'enlèverait les roues
et je resterais, renversé et mis en pièces au fond d'un
    ravin.

XVII

Dans mon assiette quel mélange de Nature !
Mes sœurs les plantes,
les compagnes des sources, les saintes
que nul ne prie...

On les coupe et les voici sur notre table
et dans les hôtels les clients au verbe haut
qui arrivent avec des courroies et des plaids
demandent « de la salade », négligemment...,
sans penser qu'ils exigent de la Terre-Mère
sa fraîcheur et ses prémices,
les premières paroles vertes qu'elle profère,
les premières choses vives et irisées
que vit Noé
lorsque les eaux baissèrent et que la cime des monts
surgit verte et détrempée
et que dans l'air où apparut la colombe
s'inscrivit l'arc-en-ciel en dégradé...

XVIII

Que ne suis-je la poussière du chemin,
les pauvres me foulant sous leurs pieds...

Que ne suis-je les fleuves qui coulent,
avec les lavandières sur ma berge...

Que ne suis-je les saules au bord du fleuve,
n'ayant que le ciel sur ma tête et l'eau à mes pieds...

Que ne suis-je l'âne du meunier,
lequel me battrait tout en ayant pour moi de l'affection...

Plutôt cela plutôt qu'être celui qui traverse l'existence
en regardant derrière soi et la peine au cœur...

XIX

Le clair de lune, lorsqu'il frappe le gazon,
je ne sais ce qu'il me rappelle...
Il me rappelle la voix de la vieille servante
qui me disait des contes de fées.
Et comment Notre Dame en robe de mendiante
allait la nuit sur les chemins
au secours des enfants maltraités.

Si je ne puis plus croire que tout cela soit vrai,
pourquoi le clair de lune frappe-t-il le gazon ?

XX

Le Tage est plus beau que la rivière qui traverse mon
    village,
mais le Tage n'est pas plus beau que la rivière qui traverse
    mon village,
parce que le Tage n'est pas la rivière qui traverse mon
    village.

Le Tage porte de grands navires
et à ce jour il y navigue encore,
pour ceux qui voient partout ce qui n'y est pas,
le souvenir des nefs anciennes.

Le Tage descend d'Espagne
et le Tage se jette dans la mer au Portugal.
Tout le monde sait ça.
Mais bien peu savent quelle est la rivière de mon village
et où elle va
et d'où elle vient.
Et par là même, parce qu'elle appartient à moins de
    monde,
elle est plus libre et plus grande, la rivière de mon village.

Par le Tage on va vers le Monde.
Au-delà du Tage il y a l'Amérique

et la fortune pour ceux qui la trouvent.
Nul n'a jamais pensé à ce qui pouvait bien exister
au-delà de la rivière de mon village.

La rivière de mon village ne fait penser à rien.
Celui qui se trouve auprès d'elle est auprès d'elle, tout
    simplement.

XXI

Si je pouvais croquer la terre entière
et lui trouver un goût,
j'en serais plus heureux un instant...
Mais ce n'est pas toujours que je veux être heureux.
Il faut être malheureux de temps à autre
afin de pouvoir être naturel...

D'ailleurs il ne fait pas tous les jours soleil,
et la pluie, si elle vient à manquer très fort, on l'appelle.
C'est pourquoi je prends le malheur avec le bonheur,
naturellement, en homme qui ne s'étonne pas
qu'il y ait des montagnes et des plaines
avec de l'herbe et des rochers.

Ce qu'il faut, c'est qu'on soit naturel et calme
dans le bonheur comme dans le malheur,
c'est sentir comme on regarde,
penser comme l'on marche,
et, à l'article de la mort, se souvenir que le jour meurt,
que le couchant est beau, et belle la nuit qui demeure...
Puisqu'il en est ainsi, ainsi soit-il...

XXII

Tel un homme qui par un jour d'été ouvre la porte de sa
    maison
et qui de tout son visage est à l'affût de la chaleur des
    champs,
il advient que tout à coup la Nature me frappe de plein
    fouet
au visage de mes sens,
et moi, j'en garde trouble et confusion,
essayant de comprendre
je ne sais quoi ni comme...

Mais qui donc a voulu que je cherche à comprendre ?
Qui donc m'a dit qu'il y avait quelque chose à
    comprendre ?

Lorsque l'été passe sur mon visage
la main légère et chaude de sa brise,
je n'ai qu'à éprouver du plaisir de ce qu'elle soit la brise
ou à éprouver du déplaisir de ce qu'elle soit chaude,
et, de quelque manière que je l'éprouve,
c'est ainsi, puisque ainsi je l'éprouve, qu'il est de mon
    devoir de l'éprouver.

XXIII

Mon regard aussi bleu que le ciel
est aussi calme que l'eau au soleil.
Il est ainsi, et bleu et calme,
parce qu'il n'interroge ni ne s'effraie...

Si je m'interrogeais et m'effrayais,
il ne naîtrait pas de fleurs nouvelles dans les prés
et le soleil ne subirait pas de transformation qui l'em-
    bellît...
(Même s'il naissait des fleurs nouvelles dans les prés
et si le soleil embellissait,
je sentirais moins de fleurs dans le pré
et je trouverais le soleil plus laid...
Parce que toute chose est comme elle est, et voilà,
et moi j'accepte, sans même remercier,
afin de ne pas avoir l'air d'y penser...)

XXIV

Ce que nous voyons des choses, ce sont les choses.
Pourquoi verrions-nous une chose s'il y en avait une
    autre ?
Pourquoi le fait de voir et d'entendre serait-il illusion,
si voir et entendre c'est vraiment voir et entendre ?

L'essentiel c'est qu'on sache voir,
qu'on sache voir sans se mettre à penser,
qu'on sache voir lorsque l'on voit,
sans même penser lorsque l'on voit
ni voir lorsque l'on pense.

Mais cela (pauvres de nous qui nous affublons d'une
    âme !),
cela exige une étude profonde,
tout un apprentissage de science à désapprendre
et une claustration dans la liberté de ce couvent
dont les poètes décrivent les étoiles comme les nonnes
    éternelles
et les fleurs comme les pénitentes aussi éphémères que
    convaincues,
mais où les étoiles ne sont à la fin que des étoiles
et les fleurs que des fleurs,
ce pourquoi nous les appelons étoiles et fleurs.

74

XXV

Les bulles de savon que cet enfant
s'amuse à tirer d'un chalumeau
sont dans leur translucidité toute une philosophie.
Claires, inutiles et transitoires comme la Nature,
amies des yeux comme les choses,
elles sont ce qu'elles sont,
avec une précision rondelette et aérienne,
et nul, même pas l'enfant qui les abandonne,
ne prétend qu'elles sont plus que ce qu'elles paraissent.

Certaines se voient à peine dans l'air lumineux.
Elles sont comme la brise qui passe et qui touche à peine
      les fleurs
et dont nous savons qu'elle passe, simplement
parce que quelque chose en nous s'allège
et accepte tout plus nettement.

XXVI

Parfois, en certains jours de lumière parfaite et exacte,
où les choses ont toute la réalité dont elles portent le
    pouvoir,
je me demande à moi-même tout doucement
pourquoi j'ai moi aussi la faiblesse d'attribuer
aux choses de la beauté.

De la beauté, une fleur par hasard en aurait-elle ?
Un fruit, aurait-il par hasard de la beauté ?
Non : ils ont couleur et forme
et existence tout simplement.
La beauté est le nom de quelque chose qui n'existe pas
et que je donne aux choses en échange du plaisir qu'elles
    me donnent.
Cela ne signifie rien.
Pourquoi dis-je donc des choses : elles sont belles ?

Oui, même moi, qui ne vis que de vivre,
invisibles, viennent me rejoindre les mensonges des
    hommes
devant les choses,
devant les choses qui se contentent d'exister.

Qu'il est difficile d'être soi et de ne voir que le visible !

XXVII

Seule la nature est divine, et elle n'est pas divine...

Si je parle d'elle comme d'un être,
c'est que pour parler d'elle j'ai besoin de recourir au
    langage des hommes
qui donne aux choses la personnalité
et aux choses impose un nom.

Mais les choses sont privées de nom et de personnalité :
elles existent, et le ciel est grand et la terre vaste,
et notre cœur de la dimension d'un poing fermé...

Béni sois-je pour tout ce que je sais.
Je me réjouis de tout cela en homme qui sait que le soleil
    existe.

XXVIII

J'ai lu aujourd'hui près de deux pages
du livre d'un poète mystique,
et j'ai ri comme qui a beaucoup pleuré.

Les poètes mystiques sont des philosophes malades,
et les philosophes sont des hommes fous.

Parce que les poètes disent que les fleurs ont des sensations,
que les pierres ont une âme
et que les fleuves se pâment au clair de lune.

Mais les fleurs, si elles sentaient, ne seraient pas des fleurs,
elles seraient des personnes ;
et si les pierres avaient une âme, elle seraient des choses
vivantes, et non des pierres ;
et si les fleuves se pâmaient au clair de lune,
ils seraient des hommes malades.

Il faut ignorer ce que sont les fleurs, les pierres et les
fleuves,
pour parler de leurs sentiments.
Parler de l'âme des pierres, des fleurs, des fleuves,
c'est parler de soi-même et de ses fausses pensées.

Grâce à Dieu les pierres ne sont que des pierres
et les fleuves ne sont que des fleuves
et les fleurs tout bonnement des fleurs.

Pour moi, j'écris la prose de mes vers
et j'en suis tout content,
parce que je sais que je comprends la Nature du dehors ;
et je ne la comprends pas du dedans
parce que la Nature n'a pas de dedans —
sans quoi elle ne serait pas la Nature.

XXIX

Je ne suis pas toujours le même dans mes paroles et dans
    mes écrits
je change, mais je ne change guère.
La couleur des fleurs n'est pas la même au soleil
que lorsqu'un nuage passe
ou que la nuit descend
et que les fleurs sont couleur d'ombre.

Mais qui regarde bien voit bien que ce sont les mêmes
    fleurs.
Aussi, lorsque j'ai l'air de ne pas être d'accord avec moi-
    même,
que l'on m'observe bien :
si j'étais tourné vers la droite,
je me suis tourné maintenant vers la gauche,
mais je suis toujours moi, debout sur les mêmes pieds —
le même toujours, grâces au ciel et à la terre,
à mes yeux et à mes oreilles attentifs
et à ma claire simplicité d'âme...

XXX

Si l'on veut que j'aie un mysticisme, c'est bien, je l'ai.
Je suis mystique, mais seulement avec le corps.
Mon âme est simple et ne pense pas.

Mon mysticisme est dans le refus de savoir.
Il consiste à vivre et à ne pas y penser.

J'ignore ce qu'est la Nature : je la chante.
Je vis à la crête d'une colline
dans une maison blanchie à la chaux et solitaire,
et voilà ma définition.

XXXI

Si je dis parfois que les fleurs sourient
et s'il m'advient de dire que les fleuves chantent,
ce n'est pas que je croie qu'il y ait dans les fleurs des
    sourires
et dans le cours des fleuves des chansons...
C'est parce que ainsi je fais sentir davantage aux hommes
    faux
l'existence authentiquement réelle des fleuves et des
    fleurs...

Comme j'écris pour qu'ils me lisent je me sacrifie parfois
à la grossièreté de leurs réactions...
Je suis en désaccord avec moi-même, mais je m'absous,
parce que je suis cette chose sérieuse, un interprète de la
    Nature,
parce qu'il y a des hommes qui ne comprennent pas son
    langage,
étant donné que de langage elle n'a point.

XXXII

Hier soir un homme des cités
parlait à la porte de l'hôtellerie.
Il me parlait à moi aussi.
Il parlait de la justice et du combat qui se livre pour que
    règne la justice
et des ouvriers qui souffrent
et du travail continuel, et de ceux qui ont faim,
et des riches, les seuls à être nés coiffés...

Et lors, me regardant, il vit des larmes dans mes yeux
et il sourit avec plaisir, pensant que j'éprouvais
la peine qu'il éprouvait, lui, et la compassion
qu'il disait éprouver.

(Mais moi je l'entendais à peine.
Que m'importent à moi les hommes
et ce qu'ils souffrent ou croient souffrir ?
Qu'ils soient comme moi — et ils ne souffriront pas.
Tout le mal du monde vient de ce que nous nous
    tracassons les uns des autres,
soit pour faire le bien, soit pour faire le mal,
notre âme et le ciel et la terre nous suffisent.
Vouloir plus est perdre cela, et nous vouer au malheur.)

Ce à quoi je pensais, moi,
alors que parlait l'ami du genre humain
(et cela m'émut jusqu'aux larmes),
c'était comme au murmure lointain des galets
en cette fin de jour
sans ressemblance avec les cloches d'un oratoire
où eussent entendu la messe les fleurs et les ruisseaux
et les âmes simples comme la mienne.

(Dieu soit loué de ce que je ne sois pas bon
et que j'aie l'égoïsme naturel des fleurs
et des fleuves qui poursuivent leur chemin
préoccupés sans le savoir
uniquement de fleurir et de couler.
La voilà, l'unique mission du Monde,
celle d'exister clairement
et savoir le faire sans y penser.)

Et l'homme s'était tu, les yeux tournés vers le couchant.
Mais quel rapport entre le couchant et celui qui hait et qui
    aime ?

XXXIII

Pauvres fleurs dans les corbeilles des jardins à la française.
Elles ont l'air d'avoir peur de la police...
Mais si belles qu'elles fleurissent de la même façon
et qu'elles ont le même sourire antique
qu'elles eurent pour le premier regard du premier homme
qui les vit apparaître et les toucha légèrement
afin de voir si elles parlaient...

XXXIV

Je trouve si naturel que l'on ne pense pas
que parfois je me mets à rire tout seul,
je ne sais trop de quoi, mais c'est de quelque chose
ayant quelque rapport avec le fait qu'il y a des gens qui
    pensent...

Et mon mur, que peut-il bien penser de mon ombre ?
Je me le demande parfois, jusqu'à ce que je m'avise
que je me pose des questions...
Alors je me déplais et j'éprouve de la gêne
comme si je m'avisais de mon existence avec un pied
    gourd...

Qu'est-ce que ceci peut bien penser de cela ?
Rien ne pense rien.
La terre aurait-elle conscience des pierres et des plantes
    qu'elle porte ?
S'il en est ainsi, eh bien, soit !
Que m'importe, à moi ?
Si je pensais à ces choses,
je cesserais de voir les arbres et les plantes
et je cesserais de voir la Terre,
pour ne voir que mes propres pensées...
Je m'attristerais et je resterais dans le noir.
Mais ainsi, sans penser, je possède et la Terre et le Ciel.

XXXV

Le clair de lune à travers les hautes branches,
les poètes au grand complet disent qu'il est davantage
que le clair de lune à travers les hautes branches.

Mais pour moi, qui ne sais pas ce que je pense,
ce qu'est le clair de lune à travers les hautes branches,
en plus du fait qu'il est
le clair de lune à travers les hautes branches,
c'est de n'être pas plus
que le clair de lune à travers les hautes branches.

XXXVI

Dire qu'il y a des poètes qui sont des artistes
et qui peinent sur leurs vers
comme un charpentier sur ses planches!...

Comme il est triste de ne savoir fleurir!
D'avoir à mettre vers sur vers, comme qui construit un
    mur,
puis voir s'il va, et le supprimer s'il ne va pas!...
alors que l'unique maison artistique est la Terre entière,
qui change et qui va toujours et qui est toujours la même.

Je pense à cela, non comme on pense, mais comme on
    respire,
et je regarde les fleurs et je souris...
Je ne sais si elles me comprennent
ni même si je les comprends, moi,
mais je sais que la vérité est en elles et en moi
et dans le don divin qui nous est commun
de nous laisser aller à vivre de par la Terre
et de nous laisser porter sur les bras des Saisons heureuses
et de laisser le vent chanter pour nous endormir
et d'abolir dans notre sommeil tous les rêves.

XXXVII

Comme un énorme bourbouillis de flamme
le soleil couchant s'attarde dans les nues figées.
Il vient de loin un vague sifflement dans le soir très calme.
Ce doit être celui d'un train au loin.

En ce moment il me vient une vague mélancolie
et un vague désir paisible
qui paraît et disparaît.

Parfois aussi, au fil des ruisseaux,
il se forme sur l'eau des bulles
qui naissent et se défont —
et elles n'ont d'autre sens
que d'être des bulles d'eau
qui naissent et se défont.

XXXVIII

Béni soit le même soleil d'autres contrées
qui me rend frère de tous les hommes,
puisque tous les hommes, un moment dans la journée, le
   regardent comme moi,
et en ce moment pur,
tout de sérénité et de tendresse,
ils retournent dans l'affliction
et avec un soupir à peine sensible
à l'Homme véritable et primitif
qui voyait naître le Soleil et ne l'adorait pas encore.
Parce que cela est naturel — plus naturel
qu'adorer l'or et Dieu
et l'art et la morale...

XXXIX

Le mystère des choses, où donc est-il ?
Où donc est-il, qu'il n'apparaisse point
pour nous montrer à tout le moins qu'il est mystère ?
Qu'en sait le fleuve et qu'en sait l'arbre ?
Et moi, qui ne suis pas plus qu'eux, qu'en sais-je ?
Toutes les fois que je regarde les choses et que je pense à
    ce que les hommes pensent d'elles,
je ris comme un ruisseau qui bruit avec fraîcheur sur une
    pierre.

Car l'unique signification occulte des choses,
c'est qu'elles n'aient aucune signification occulte.
Il est plus étrange que toutes les étrangetés
et que les songes de tous les poètes
et que les pensées de tous les philosophes,
que les choses soient réellement ce qu'elles paraissent être
et qu'il n'y ait rien à y comprendre.

Oui, voici ce que mes sens ont appris tout seuls : —
les choses n'ont pas de signification : elles ont une
    existence.
Les choses sont l'unique sens occulte des choses.

XL

Devant moi passe un papillon
et pour la première fois dans l'Univers je remarque
que les papillons n'ont ni couleur ni mouvement,
tout de même que les fleurs n'ont ni parfum ni couleur.
C'est la couleur qui est colorée dans les ailes du papillon,
dans le mouvement du papillon c'est le mouvement qui se
    meut,
c'est le parfum qui est parfumé dans le parfum de la fleur.
Le papillon n'est qu'un papillon
et la fleur n'est qu'une fleur.

XLI

Parfois à la tombée du jour, l'été,
encore qu'il n'y ait aucune brise, il semble
que passe, un seul instant, une brise légère...
Mais les arbres demeurent immobiles
de toutes les feuilles de leurs feuilles
et nos sens ont éprouvé une illusion,
l'illusion d'une chose qui les aurait charmés...

Ah, les sens, les malades qui voient et qui entendent!
Puissions-nous être comme nous devrions être,
et il n'y aurait en nous nul besoin d'illusion...
Il nous suffirait de sentir avec une intense clarté
sans même nous inquiéter de l'usage des sens...

Mais grâces à Dieu il y a de l'imperfection dans le Monde,
parce que l'imperfection est une chose,
et le fait qu'il y ait des gens dans l'erreur est original,
et qu'il y ait des gens malades rend le monde plaisant.
S'il n'y avait pas d'imperfection, il manquerait une chose,
et il doit y avoir nombre de choses
pour que nous ayons beaucoup à voir et à entendre.

XLII

La diligence est passée dans la rue, et puis s'en est allée ;
la rue ne s'en est trouvée ni plus belle ni même plus laide.
Ainsi de toute action humaine dans le vaste monde.
Nous ne retirons rien et rien nous n'ajoutons ; on passe et
   on oublie ;
et le soleil est toujours ponctuel chaque matin.

XLIII

Plutôt le vol de l'oiseau qui passe sans laisser de trace,
que le passage de l'animal, dont l'empreinte reste sur le
    sol.
L'oiseau passe et oublie, et c'est ainsi qu'il en doit être.
L'animal, là où il a cessé d'être et qui, partant, ne sert à
    rien,
montre qu'il y fut naguère, ce qui ne sert à rien non plus.

Le souvenir est une trahison envers la Nature,
parce que la Nature d'hier n'est pas la Nature.
Ce qui fut n'est rien, et se souvenir c'est ne pas voir.

Passe, oiseau, passe, et apprends-moi à passer !

XLIV

Je m'éveille la nuit subitement
et ma montre occupe la nuit tout entière.
Je ne sens pas la Nature au-dehors.
Ma chambre est une chose obscure aux murs vaguement
    blancs.
Au-dehors règne une paix comme si rien n'existait.
Seule la montre poursuit son petit bruit
et cette petite chose à engrenages qui se trouve sur ma
    table
étouffe toute l'existence de la terre et du ciel...
Je me perds quasiment à penser ce que cela signifie,
mais je m'arrête net, et dans la nuit je me sens sourire du
    coin des lèvres,
parce que la seule chose que ma montre symbolise ou
    signifie
en emplissant de sa petitesse la nuit énorme
est la curieuse sensation d'emplir la nuit énorme
avec sa petitesse...

XLV

Une rangée d'arbres là-bas au loin, là-bas vers le coteau.
Mais qu'est-ce qu'une rangée d'arbres ? Des arbres et voilà
   tout.
Rangée et le pluriel arbres ne sont pas des choses, ce sont
   des noms.

Tristes âmes humaines qui mettent partout de l'ordre,
qui tracent des lignes d'une chose à l'autre,
qui mettent des pancartes avec des noms sur des arbres
   absolument réels,
et qui tracent des parallèles de latitude et de longitude
sur la terre même, la terre innocente et plus verte que tout
   ça !

XLVI

D'une façon ou de l'autre,
selon que ça tombe bien ou mal,
ayant parfois le pouvoir de dire ce que je pense,
et d'autres fois le disant mal et d'impure façon,
j'écris mes vers involontairement,
comme si l'acte d'écrire n'était pas une chose faite de
    gestes,
comme si le fait d'écrire était une chose qui m'advînt
comme de prendre un bain de soleil.

Je cherche à dire ce que j'éprouve
sans penser à ce que j'éprouve.
Je cherche à appuyer les mots contre l'idée
et à n'avoir pas besoin du couloir
de la pensée pour conduire à la parole.

Je ne parviens pas toujours à éprouver ce que je sais que je
    dois éprouver.
Ce n'est que très lentement que ma pensée traverse le
    fleuve à la nage
parce que lui pèse le vêtement que les hommes lui ont
    imposé.

Je cherche à dépouiller ce que j'ai appris,
je cherche à oublier le mode de pensée qu'on m'inculqua,
à gratter l'encre avec laquelle on a barbouillé mes sens,
à décaisser mes émotions véritables,
à me dépaqueter et à être moi — non Alberto Caeiro,
mais un animal humain produit par la Nature.

Et aussi me voilà en train d'écrire, désireux de sentir la
    Nature, même pas comme un homme,
mais comme qui sent la Nature, sans plus.
Ainsi j'écris, tantôt bien et tantôt mal,
tantôt touchant sans coup férir ce que je veux exprimer et
    tantôt me blousant,
ici tombant, et là me relevant,
mais poursuivant toujours mon chemin comme un aveugle
    obstiné.

N'importe... Et malgré tout je suis quelqu'un.
Je suis le Découvreur de la Nature.
Je suis l'Argonaute des sensations vraies.
À l'Univers j'apporte un nouvel Univers
parce que j'apporte à l'Univers l'Univers lui-même.

Cela je le sens et je l'écris,
sachant parfaitement et sans même y voir,
qu'il est cinq heures du matin
et que le soleil, qui n'a pas encore montré la tête
par-dessus le mur de l'horizon,
même ainsi on distingue le bout de ses doigts
agrippant le haut du mur
de l'horizon plein de montagnes basses.

XLVII

Par un jour excessivement net,
où l'on avait envie d'avoir beaucoup travaillé
afin de pouvoir ne rien faire ce jour-là,
j'entrevis, ainsi qu'une allée entre les arbres,
ce qui peut-être était le Grand Secret,
ce Grand Mystère dont parlent les faux poètes.

Je vis qu'il n'y a pas de Nature,
que la Nature n'existe pas,
qu'il y a des monts, des vallées, des plaines,
qu'il y a des arbres, des fleurs, des herbes
qu'il y a des fleuves et des pierres,
mais qu'il n'y a pas un tout dont cela fasse partie,
qu'un ensemble réel et véritable
n'est qu'une maladie de notre pensée.

La Nature est faite de parties sans un tout.
Peut-être est-ce là le fameux mystère dont on parle.

Voilà ce dont, sans réfléchir ni m'attarder,
je m'avisai que ce devait être cette vérité
que tout le monde cherche, et ne trouve pas,
et que moi seul, ne l'ayant point cherchée, ai trouvée.

XLVIII

De la plus haute fenêtre de ma maison
avec un mouchoir blanc je dis adieu
à mes vers qui partent vers l'humanité.

Et je ne suis ni joyeux ni triste.
Tel est le destin des vers.
Je les ai écrits et je dois les montrer à tous
parce que je n'en puis user différemment,
tout comme la fleur ne peut dissimuler sa couleur,
ni le fleuve dissimuler qu'il coule,
ni l'arbre dissimuler qu'il fructifie.

Les voilà qui déjà s'éloignent comme en diligence
et moi malgré moi j'éprouve de la peine
comme une douleur dans le corps.

Qui sait qui les lira ?
Qui sait en quelles mains ils tomberont ?

Fleur, mon destin m'a cueilli pour les yeux.
Arbre, on m'a arraché mes fruits pour les bouches.
Fleuve, le destin de mes eaux était de ne pas rester en moi.
Je me soumets et je me sens presque joyeux,

presque joyeux comme un homme qui se lasse d'être
triste.

Allez-vous-en, de moi détachez-vous !
L'arbre passe et se disperse dans la Nature.
La fleur fane et sa poussière dure à jamais.
Le fleuve coule puis il se jette dans la mer et ses eaux
restent ses eaux à lui.

Je passe et je demeure, comme l'Univers.

XLIX

Je rentre à la maison, je ferme la fenêtre.
On apporte la lampe, on me souhaite bonne nuit,
et d'une voix contente je réponds bonne nuit.
Plût au Ciel que ma vie fût toujours cette chose :
le jour ensoleillé, ou suave de pluie,
ou bien tempétueux comme si le Monde allait finir,
la soirée douce et les groupes qui passent,
observés avec intérêt de la fenêtre,
le dernier coup d'œil amical jeté sur les arbres en paix,
et puis, fermée la fenêtre et la lampe allumée,
sans rien lire, sans penser à rien, sans dormir,
sentir la vie couler en moi comme un fleuve en son lit,
et au-dehors un grand silence ainsi qu'un dieu qui dort.

II

LE PASTEUR AMOUREUX

Au temps où je ne t'avais pas,
j'aimais la Nature ainsi qu'aime le Christ un moine
    calme...
Maintenant j'aime la Nature
ainsi qu'un moine calme aime la Vierge Marie,
religieusement, à ma façon, comme auparavant,
mais d'une autre manière plus émue et plus proche...
Je vois mieux les rivières quand je vais avec toi
à travers champs jusqu'à la berge des rivières ;
assis à tes côtés observant les nuages,
je les observe mieux —
Tu ne m'as pas enlevé la Nature...
Tu as changé la Nature...
Tu m'as amené la Nature tout contre moi,
du fait de ton existence je la vois mieux, mais identique,
du fait de ton amour, je l'aime de même façon, mais
    davantage,
du fait que tu m'as choisi pour t'avoir et pour t'aimer,
mes yeux l'ont fixée en s'attardant plus longuement
sur toutes les choses.
Je ne me repens pas de ce que je fus jadis
car je le suis toujours.

Haut dans le ciel est la lune printanière.
Je pense à toi, et complet je m'éprouve.

Par les champs vagues court jusqu'à moi une brise légère.
Je pense à toi, je murmure ton nom ; et je ne suis pas moi ;
   je suis heureux.

Demain tu viendras, tu iras avec moi cueillir des fleurs
   dans la campagne,
et moi j'irai avec toi dans les champs te voir cueillir des
   fleurs.
Je te vois déjà demain cueillant des fleurs avec moi dans
   les champs,
car, lorsque tu viendras demain et que tu iras avec moi
   cueillir des fleurs à la campagne,
ce sera là pour moi une joie et une vérité.

L'amour est une compagnie.
Je ne peux plus aller seul par les chemins,
parce que je ne peux plus aller seul nulle part.
Une pensée visible fait que je vais plus vite
et que je vois bien moins, tout en me donnant envie de
tout voir.
Il n'est jusqu'à son absence qui ne me tienne compagnie.
Et je l'aime tant que je ne sais comment la désirer.

Si je ne la vois pas, je l'imagine et je suis fort comme les
arbres hauts.
Mais si je la vois je tremble, et je ne sais de quoi se
compose ce que j'éprouve en son absence.
Je suis tout entier une force qui m'abandonne.
Toute la réalité me regarde ainsi qu'un tournesol dont le
cœur serait son visage.

Le pasteur amoureux a perdu sa houlette,
et les brebis se sont éparpillées sur la pente,
et lui, à force de penser, n'a même pas joué de la flûte qu'il
    avait apportée pour jouer.
Nul n'est apparu ou n'a disparu à ses yeux. Plus jamais il
    n'a retrouvé sa houlette.
D'autres, en pestant contre lui, ont rassemblé ses brebis.
Personne ne l'avait aimé, en fin de compte.

Quand il s'est relevé de la pente et de l'égarement, il a tout
    vu :
les grands vallons pleins des mêmes verts que toujours,
les grandes montagnes au loin, plus réelles que tout
    sentiment,
la réalité tout entière, avec le ciel et l'air et les champs qui
    existent et sont présents
(et de nouveau l'air, qui si longtemps lui avait manqué, est
    entré avec sa fraîcheur dans ses poumons)
et il a senti que de nouveau l'air donnait accès, mais
    douloureusement, à une espèce de liberté dans son sein.

J'ai passé une nuit blanche, en voyant sa forme hors de
l'espace,
et la voyant sous des jours différents de ceux où m'apparaît sa personne réelle.
Je compose des pensées avec le souvenir de ce qu'elle est
quand elle me parle,
et en chaque pensée elle varie en accord avec sa ressemblance.
Aimer, c'est penser.
Et moi qui oublie presque de sentir à sa seule pensée...
Je ne sais trop ce que je désire, même d'elle, et je ne pense
qu'à elle.
J'éprouve une grande distraction surexcitée.
Lorsque je désire la rencontrer
je préfère quasiment ne pas la rencontrer,
afin de ne pas avoir à la quitter ensuite.
Je ne sais trop ce que je veux, et d'ailleurs je ne veux pas
savoir ce que je veux. Je veux seulement
penser à elle.
Je ne demande rien à personne, pas même à elle, sinon
penser.

Tous les jours maintenant je m'éveille avec joie et avec
    peine.
Autrefois je m'éveillais sans aucune sensation : je m'éveil-
    lais.
J'éprouve joie et peine parce que je perds ce que je rêve
et je puis vivre dans la réalité où se trouve ce que je rêve.
Je n'ai que faire de mes sensations.
Je n'ai que faire de moi en ma seule compagnie.
Je veux qu'elle me dise quelque chose afin de m'éveiller de
    nouveau.

III
POÈMES DÉSASSEMBLÉS

Il ne suffit pas d'ouvrir la fenêtre
pour voir les champs et la rivière.
Il ne suffit pas de n'être pas aveugle
pour voir les arbres et les fleurs.
Il faut également n'avoir aucune philosophie.
Avec la philosophie il n'y a pas d'arbres : il n'y a que des
      idées.
Il n'y a que chacun d'entre nous, telle une cave.
Il n'y a qu'une fenêtre fermée, et tout l'univers à l'exté-
      rieur ;
et le rêve de ce qu'on pourrait voir si la fenêtre s'ouvrait,
et qui jamais n'est ce qu'on voit quand la fenêtre s'ouvre.

Tu parles de civilisation, tu dis qu'elle ne devrait pas être,
ou qu'elle devrait être différente.
Tu dis que tous les hommes souffrent, ou la majorité,
avec les choses humaines disposées de cette manière.
Tu dis que si elles étaient différentes, ils souffriraient
    moins.
Tu dis que si elles étaient selon tes vœux, cela vaudrait
    mieux.
J'écoute et je ne t'entends pas.
Pourquoi donc voudrais-je t'entendre ?
Si je t'entendais je n'en serais pas plus avancé.
Si les choses étaient différentes, elles seraient différentes,
    voilà tout.
Si les choses étaient selon ton cœur, elles seraient selon
    ton cœur.
Malheur à toi et à tous ceux qui passent leur existence
à vouloir inventer la machine à faire du bonheur !

Entre ce que je vois d'un champ et ce que je vois d'un
   autre champ
Passe un instant une silhouette d'homme.
Ses pas vont avec « lui » dans la même réalité,
mais je les remarque, eux et lui, et ce sont deux choses
   distinctes :
l'« homme » chemine avec ses idées, aussi faux qu'étranger,
et les pas vont avec le système ancien qui fait aller les
   jambes.
De loin je le regarde sans aucune opinion.
Combien parfait en lui ce qu'il est — son corps,
sa véritable réalité qui n'a désirs ni espérances,
mais des muscles avec la manière impersonnelle et sûre de
   s'en servir.

Enfant malpropre et inconnu qui joues devant ma porte,
je ne te demande pas si tu m'apportes un message des
symboles.
Je trouve drôle de ne t'avoir jamais vu auparavant,
et naturellement si tu pouvais être propre tu serais un
autre enfant,
et tu ne viendrais pas ici.
Joue dans la poussière, joue !
Je n'apprécie que des yeux ta présence.
Mieux vaut voir une chose toujours pour la première fois
que la connaître,
Parce que connaître c'est comme n'avoir jamais vu pour la
première fois,
Et n'avoir jamais vu pour la première fois c'est ne savoir
que par ouï-dire.

La façon dont cet enfant est sale est différente de la façon
dont les autres sont sales.
Joue ! En saisissant une pierre qui te tient dans la main,
tu sais qu'elle te tient dans la main.
Quelle est la philosophie qui atteint à une plus grande
certitude ?
Aucune, et aucune ne peut jamais venir jouer devant ma
porte.

Vérité, mensonge, certitude, incertitude…
Cet aveugle là-bas sur la route connaît aussi ces paroles.
Je suis assis sur une haute marche et je serre les mains
sur le plus haut de mes genoux croisés.
Eh bien, vérité, mensonge, certitude, incertitude, qu'est-
ce que tout cela ?
L'aveugle s'arrête sur la route,
sur mon genou j'ai décroisé les mains.
Vérité, mensonge, certitude, incertitude, tout revient-il au
même ?
Quelque chose a changé dans une partie de la réalité —
mes mains et mes genoux.
Quelle est la science qui explique ce phénomène ?
L'aveugle poursuit son chemin et je ne fais plus de gestes,
ce n'est déjà plus la même heure, ni les mêmes gens, ni
rien de pareil.
C'est cela, être réel.

Un éclat de rire de jeune fille retentit dans l'air du chemin.
Elle a ri des paroles de quelqu'un que je ne vois pas.
Il me souvient d'avoir entendu.
Mais si l'on me parle maintenant d'un éclat de rire de la
    jeune fille du chemin,
je dirai : non, les montagnes, les terres au soleil, le soleil,
    la maison que voici
et moi qui n'entends que le bruit silencieux du sang qui bat
    dans ma vie des deux côtés de ma tête.

Nuit de la Saint-Jean par-delà le mur de mon jardin.
De ce côté-ci, moi sans nuit de la Saint-Jean —
parce qu'il n'est de Saint Jean que là où on le fête.
Pour moi il y a l'ombre d'un feu de bûcher dans la nuit,
un bruit d'éclat de rires, le choc sourd des sauts qui
  retombent.
Et le cri accidentel de quelqu'un qui ne sait pas que
  j'existe.

                    ●

Le type qui prêche ses vérités à lui
est encore venu hier me parler.
Il m'a parlé de la souffrance des classes laborieuses
(non des êtres qui souffrent, tout bien compté les vrais
    souffrants).
Il parla de l'injustice qui fait que les uns ont de l'argent,
et que les autres ont faim — faim de manger
ou faim du dessert d'autrui, je ne saurais dire.
Il parla de tout ce qui pouvait le mettre en colère.

Comme il doit être heureux, celui qui peut penser au
    malheur des autres !
Et combien stupide, s'il ignore que le malheur des autres
    n'est qu'à eux,
et ne se guérit pas du dehors,
car souffrir ce n'est pas manquer d'encre
ou pour la caisse n'avoir pas de feuillards !

Le fait de l'injustice est comme le fait de la mort.
Pour moi, je ne ferais pas un pas afin de modifier
ce qu'on appelle l'injustice du monde.
Mille pas que je ferais à cet effet,
cela ne ferait que mille pas de plus.

J'accepte l'injustice comme j'accepte qu'une pierre ne soit
    pas ronde,
ou qu'un chêne-liège ne soit né pin ou chêne à glands.

J'ai coupé l'orange en deux, et les deux parties ne
    pouvaient être égales ;
pour laquelle ai-je été injuste — moi qui vais les manger
    toutes les deux ?

Toi, mystique, tu vois une signification en toute chose.
Pour toi, tout a un sens voilé.
Il est une chose occulte en chaque chose que tu vois.
Ce que tu vois, tu le vois toujours afin de voir autre chose.

Pour moi, grâces au fait que j'ai des yeux uniquement pour
  voir,
je vois une absence de signification en toute chose ;
je vois cela et je m'aime, car être une chose c'est ne rien
  signifier.
Être une chose, c'est ne pas être susceptible d'interprétation.

Pasteur de la montagne, si loin de moi avec tes brebis —
quel est ce bonheur que tu as l'air d'avoir — le tien ou bien
le mien ?
La paix que j'éprouve à ta vue m'appartient-elle, t'appartient-elle à toi ?
Non, ni à toi ni à moi, pasteur.
Elle appartient seulement au bonheur et à la paix.
D'ailleurs tu ne la possèdes pas, puisque tu ignores que tu
la possèdes.
Et moi non plus je ne la possède pas, puisque je sais que je
la possède.
Elle se contente d'être, et de nous tomber dessus comme
le soleil,
qui te tape sur le dos et qui te chauffe, et tu penses à autre
chose avec indifférence,
et il me frappe au visage et m'éblouit, et moi je ne pense
qu'au soleil.

Dis-moi : tu es quelque chose de plus
qu'une pierre ou qu'une plante.
Dis-moi : tu sens, tu penses et tu sais
que tu penses et que tu sens.
Les pierres écrivent donc des vers ?
Elles ont donc des idées sur le monde, les plantes ?

Oui : il y a une différence.
Mais ce n'est pas la différence que tu trouves ;
car le fait d'avoir conscience ne m'oblige pas à avoir des
    théories sur les choses ;
il m'oblige seulement à être conscient.

Suis-je plus qu'une pierre ou qu'une plante ? Je ne sais.
Je suis différent. Plus ou moins, j'ignore le sens de ces
    mots.

Avoir conscience, est-ce plus qu'avoir une couleur ?
Peut-être oui, peut-être non.
Je sais que c'est tout simplement différent.
Nul ne peut prouver que c'est plus que simplement
    différent.

Je sais que la pierre est réelle, et que la plante existe.
Cela, je le sais parce qu'elles existent.
Cela, je le sais parce que mes sens me l'indiquent.
Je sais que je suis réel moi aussi.
Cela, je le sais parce que mes sens me l'indiquent,
encore qu'avec moins de clarté qu'ils ne m'indiquent la
    pierre et la plante.
Je n'en sais pas davantage.

Oui, j'écris des vers, et la pierre n'écrit pas de vers.
Oui, je me fais des idées sur le monde, et la plante
    aucunement.
Mais c'est que les pierres ne sont pas des poètes, elles sont
    des pierres ;
et les plantes ne sont que des plantes, et non des penseurs.
Je puis aussi bien dire qu'en cela je leur suis supérieur
que dire que je leur suis inférieur.
Mais je ne dis pas cela : de la pierre, je dis : « c'est une
    pierre »,
de la plante je dis : « c'est une plante »,
de moi je dis : « je suis moi »,
et je n'en dis pas davantage. Qu'y a-t-il d'autre à dire ?

L'effarante réalité des choses
est ma découverte de tous les jours.
Chaque chose est ce qu'elle est,
et il est difficile d'expliquer combien cela me réjouit
et combien cela me suffit.

Il suffit d'exister pour être complet.

J'ai écrit bon nombre de poèmes.
J'en écrirai bien plus, naturellement.
Cela, chacun de mes poèmes le dit,
et tous mes poèmes sont différents,
parce que chaque chose au monde est une manière de le
    proclamer.

Parfois je me mets à regarder une pierre.
Je ne me mets pas à penser si elle sent.
Je ne me perds pas à l'appeler ma sœur
mais je l'aime parce qu'elle est une pierre,
je l'aime parce qu'elle n'éprouve rien,
je l'aime parce qu'elle n'a aucune parenté avec moi.

D'autres fois j'entends passer le vent,
et je trouve que rien que pour entendre passer le vent, il
    vaut la peine d'être né.

Je ne sais ce que penseront les autres en lisant ceci ;
mais je trouve que ce doit être bien puisque je le pense
    sans effort,
et sans concevoir qu'il y ait des étrangers pour m'entendre
    penser :
parce que je le pense hors de toute pensée,
parce que je le dis comme le disent mes paroles.

Une fois on m'a appelé poète matérialiste,
et je m'en émerveillai, parce que je n'imaginais pas
qu'on pût me donner un nom quelconque.
Je ne suis même pas poète : je vois.
Si ce que j'écris a une valeur, ce n'est pas moi qui l'ai :
la valeur se trouve là, dans mes vers.
Tout cela est absolument indépendant de ma volonté.

Lorsque reviendra le printemps
peut-être ne me trouvera-t-il plus en ce monde.
J'aimerais maintenant pouvoir croire que le printemps est
    un être humain
afin de pouvoir supposer qu'il pleurerait
en voyant qu'il a perdu son unique ami.
Mais le printemps n'est même pas une chose : c'est une
    façon de parler.
Ni les fleurs ne reviennent, ni les feuilles vertes.
Il y a de nouvelles fleurs, de nouvelles feuilles vertes.
Il y a d'autres jours suaves.
Rien ne revient, rien ne se répète, parce que tout est réel.

Si je meurs jeune,
sans pouvoir publier un seul livre,
sans voir l'allure de mes vers noir sur blanc,
je prie, au cas où l'on voudrait s'affliger sur mon compte,
qu'on ne s'afflige pas.
S'il en est ainsi advenu, c'était justice.

Même si mes vers ne sont jamais imprimés,
ils auront leur beauté, s'ils sont vraiment beaux.
Mais en fait ils ne peuvent à la fois être beaux et rester
    inédits,
car les racines peuvent bien être sous la terre,
mais les fleurs fleurissent à l'air libre et à vue.
Il doit en être ainsi forcément ; nul ne peut l'empêcher.

Si je meurs très jeune, écoutez ceci :
je ne fus jamais qu'un enfant qui jouait.
Je fus idolâtre comme le soleil et l'eau
d'une religion ignorée des seuls humains.
Je fus heureux parce que je ne demandai rien,
non plus que je ne me livrai à aucune recherche ;
de plus je ne trouvai qu'il y eût d'autre explication
que le fait pour le mot explication d'être privé de tout
    sens.

Je ne désirai que rester au soleil et à la pluie —
au soleil quand il faisait soleil
et à la pluie quand il pleuvait
(mais jamais l'inverse),
sentir la chaleur et le froid et le vent,
et ne pas aller plus outre.

Une fois j'aimai, et je crus qu'on m'aimerait,
mais je ne fus pas aimé.
Je ne fus pas aimé pour l'unique et grande raison
que cela ne devait pas être.

Je me consolai en retournant au soleil et à la pluie
et en m'asseyant de nouveau à la porte de ma maison.
Les champs, tout bien compté, ne sont pas aussi verts pour
    ceux qui sont aimés
que pour ceux qui ne le sont pas.
Sentir, c'est être inattentif.

Lorsque viendra le printemps,
si je suis déjà mort,
les fleurs fleuriront de la même manière
et les arbres ne seront pas moins verts qu'au printemps
    passé.
La réalité n'a pas besoin de moi.

J'éprouve une joie énorme
à la pensée que ma mort n'a aucune importance.

Si je savais que demain je dois mourir
et que le printemps est pour après-demain,
je serais content de ce qu'il soit pour après-demain.
Si c'est là son temps, quand viendrait-il sinon en son
    temps ?
J'aime que tout soit réel et que tout soit précis ;
et je l'aime parce qu'il en serait ainsi, même si je ne
    l'aimais pas.
C'est pourquoi, si je meurs sur-le-champ, je meurs
    content,
parce que tout est réel et tout est précis.

On peut, si l'on veut, prier en latin sur mon cercueil.

On peut, si l'on veut, danser et chanter tout autour.

Je n'ai pas de préférences pour un temps où je ne pourrai plus avoir de préférences.

Ce qui sera, quand cela sera, c'est cela qui sera ce qui est.

Si, lorsque je serai mort, on veut écrire ma biographie,
il n'y a rien de plus simple.
Elle n'a que deux dates — celle de ma naissance et celle de
   ma mort
entre une chose et l'autre tous les jours sont à moi.

Je suis facile à définir.
J'ai vu comme un damné.
J'ai aimé les choses sans aucune sentimentalité.
Jamais je n'eus un désir que je ne pusse réaliser, parce que
   jamais je ne m'aveuglai.
Le fait d'entendre lui-même ne fut jamais chez moi que
   l'accompagnement du fait de voir.
J'ai compris que les choses sont réelles et toutes diffé-
   rentes les unes des autres ;
j'ai compris cela avec les yeux, jamais avec la pensée.
Comprendre cela avec la pensée, ce serait les trouver
   toutes semblables.

Un jour m'a donné le sommeil comme à n'importe quel
   enfant.
Je fermai les yeux et dormis.
En dehors de cela, je fus l'unique poète de la Nature.

Il fait nuit. Très sombre est la nuit. Dans une maison à une
    grande distance
brille la lumière d'une fenêtre.
Je la vois, et je me sens humain des pieds à la tête.
Il est curieux que toute la vie de l'individu qui habite là, et
    dont j'ignore l'identité,
ne m'attire que par cette lumière vue de loin.
Sans nul doute sa vie est réelle, il a un visage, des gestes,
    une famille et un métier.

Mais maintenant seule m'importe la lumière de sa fenêtre.
Bien que la lumière soit là parce qu'il l'a allumée,
la lumière est pour moi une réalité immédiate.
Je ne vais jamais au-delà de la réalité immédiate.
Au-delà de la réalité immédiate il n'y a rien.
Si moi, de l'endroit où je suis, je ne vois que cette lumière,
par rapport à la distance où je me tiens il n'est que cette
    lumière.
L'homme et sa famille sont réels de l'autre côté de la
    fenêtre.
Et je me trouve de ce côté-ci, à une grande distance.
La lumière s'est éteinte.
Que m'importe que l'homme continue à exister ?

Je n'arrive pas à comprendre comment on peut trouver triste un couchant.

À moins que ce ne soit parce qu'un couchant n'est pas une aurore.

Mais s'il est un couchant, comment pourrait-il bien être une aurore ?

Un jour de pluie est aussi beau qu'un jour de soleil,
ils existent tous deux, chacun à sa façon.

Lorsque l'herbe poussera au-dessus de ma tombe,
que ce soit là le signal pour qu'on m'oublie tout à fait.
La Nature jamais ne se souvient, et c'est par là qu'elle est
  belle.
Et si l'on éprouve le besoin maladif d'« interpréter »
  l'herbe verte sur ma tombe,
qu'on dise que je continue à verdoyer et à être naturel.

Quand il fait froid au temps du froid, c'est pour moi
   comme s'il faisait agréable,
parce que pour mon être accordé à l'existence des choses,
le naturel est l'agréable pour la seule raison qu'il est
   naturel.

J'accepte les difficultés de la vie parce qu'elles sont le
   destin,
comme j'accepte le froid excessif au plus fort de l'hiver —
calmement, sans me plaindre, en homme qui accepte
   purement et simplement
et qui trouve sa joie dans le fait d'accepter —
dans le fait sublimement scientifique et difficile d'accepter
   le naturel inévitable.

Que sont pour moi les maladies que j'ai et le mal qui
   m'advient,
d'autre que l'hiver de ma personne et de ma vie ?
L'hiver irrégulier, du rythme duquel les lois me sont
   inconnues,
mais qui existe pour moi en vertu de la même sublime
   fatalité,
de la même inévitable extériorité par rapport à ma
   personne,

que la chaleur de la terre au plus fort de l'été
et que le froid de la terre au cœur de l'hiver.

J'accepte par personnalité.
Je suis né sujet comme les autres à l'erreur et aux défauts,
mais jamais à l'erreur de vouloir trop comprendre,
jamais à l'erreur de vouloir comprendre avec la seule
    intelligence,
jamais au défaut d'exiger du Monde
qu'il soit quelque chose qui ne soit pas le Monde.

Quelle que soit la chose qui se trouve au centre du Monde,
elle m'a donné le monde extérieur comme exemple de
    Réalité,
et quand je dis : « cela est réel », même d'un sentiment,
je le vois malgré moi en un quelconque espace extérieur,
je le vois avec une vision quelconque hors de moi et
    à moi étranger.

Être réel, cela veut dire n'être pas au-dedans de moi.
De ma personne intérieure je ne tiens aucune notion de
    réalité.
Je sais que le monde existe, mais je ne sais pas si j'existe.
Je suis plus certain de l'existence de ma maison blanche
que de l'existence intérieure du maître de la maison
    blanche.
Je crois en mon corps plus qu'en mon âme,
parce que mon corps se présente au milieu de la réalité,
pouvant être vu par d'autres,
pouvant en toucher d'autres,
pouvant s'asseoir et se tenir debout,
mais mon âme, elle, ne peut être définie qu'en termes
    d'extériorité.
Elle existe pour moi — aux moments où je trouve qu'elle
    existe effectivement —
par emprunt à la réalité extérieure du Monde.

Si l'âme est plus réelle
que le monde extérieur, ainsi que toi, philosophe, le dis,
pourquoi donc le monde extérieur me fut-il donné comme
    type de réalité ?

Si le fait pour moi de sentir
est plus indubitable que l'existence de la chose que je
    sens —
pourquoi est-ce que je sens
et pourquoi cette chose surgit-elle indépendamment de
    moi
sans avoir besoin de moi pour exister,
et moi toujours lié à moi-même, toujours personnel et
    intransmissible ?
Pourquoi est-ce que je bouge avec les autres
en ce monde qui est pour nous de compréhension et de
    coïncidence,
si par hasard ce monde est erreur et si c'est moi qui suis
    indubitable ?
Si le Monde est une erreur, c'est une erreur de tout le
    monde.
Et chacun de nous est l'erreur de chacun de nous pris à
    part.
Chose pour chose, le Monde est plus indubitable.

Mais pourquoi est-ce que je m'interroge, sinon parce que
    je suis malade ?

Par les jours précis, les jours extérieurs de ma vie,
les jours où je connais une parfaite lucidité naturelle,
je sens et ne sens pas que je sens,
je vois sans savoir que je vois,
et jamais l'Univers n'est aussi réel qu'alors,
jamais l'Univers n'est (ni proche ni loin de moi,
mais) si sublimement non-mien.

Quand je dis : « c'est évident », est-ce que par hasard je
veux dire : « je suis seul à le voir » ?

Quand je dis : « c'est vrai », est-ce que par hasard je veux
dire : « telle est mon opinion » ?

Quand je dis : « telle chose est là », est-ce que par hasard
je veux dire : « telle chose n'est pas là » ?

Et s'il en est ainsi dans la vie, pourquoi en irait-il
autrement dans la philosophie ?

Nous vivons avant que de philosopher, nous existons avant
de le savoir,

et le premier de ces faits mérite au moins préséance et
culte.

Oui, avant que d'être intérieur nous sommes extérieur.

Et partant, nous sommes extérieur essentiellement.

Tu dis, philosophe malade, philosophe enfin, que c'est là
du matérialisme.

Mais comment cela peut-il être du matérialisme, si le
matérialisme est une philosophie,

si c'est une philosophie sérieuse, mienne à tout le moins,
une philosophie à moi,

alors que cela même n'est pas à moi, et que moi-même je
ne suis pas moi ?

Peu m'importe.
Peu m'importe quoi ? Je ne sais : peu m'importe.

La guerre qui afflige avec ses escadrons le Monde
est le type parfait des errements de la philosophie.

La guerre, comme tout ce qui est humain, cherche à
    modifier.
Mais la guerre, plus que tout, cherche à modifier et à
    modifier fortement
et à modifier vite.

Mais la guerre inflige la mort,
et la mort est le mépris que nous témoigne l'Univers.
Ayant pour conséquence la mort, la guerre prouve qu'elle
    est fausse.
Étant fausse, elle prouve la fausseté de tout ce qui cherche
    à modifier.

Laissons l'univers extérieur et les autres humains là où la
    Nature les a placés.

Tout est orgueil et inconscience.
Tout est désir d'agitation, de faire des choses, de laisser
    une trace.
Au cœur et au commandement des escadrons
redevient insensiblement manifeste l'univers extérieur.

La chimie directe de la Nature
Ne laisse aucun vide pour la pensée.

L'humanité est une révolte d'esclaves.
L'humanité est un gouvernement usurpé par le peuple.
Elle existe parce qu'elle a usurpé, mais elle fait fausse
route parce que usurper c'est être dans son tort.

Laissez exister le monde extérieur et l'humanité naturelle !
Paix à tout chose pré-humaine, fût-ce dans l'homme,
paix à l'essence entièrement extérieure de l'Univers !

Ah, vous voulez une lumière meilleure
que celle du Soleil !
Vous voulez des prés plus verts que ceux-ci !
Vous voulez des fleurs plus belles
que celles que je vois !
Moi, ce soleil, ces prés, ces fleurs
me contentent.

Mais, si par hasard, elles me mécontentent,
ce que je désire, c'est un soleil plus soleil
que le Soleil,
ce que je désire, ce sont des prés plus prés
que les prés que voici,
ce que je désire, ce sont des fleurs plus ces fleurs-ci
que ces fleurs-ci —
tout plus idéal que ce qui est de même et identique façon !

Je prends plaisir aux champs sans les observer.
Tu me demandes pourquoi j'y prends plaisir.
Parce que j'y prends plaisir, c'est ma réponse.
Prendre plaisir à une fleur c'est se trouver près d'elle
    inconsciemment
et avoir une notion de son parfum dans nos idées les plus
    confuses.
Quand j'observe, je ne prends pas plaisir : je vois.
Je ferme les yeux, et mon corps, qui se trouve parmi
    l'herbe,
appartient entièrement à l'extérieur de celui qui ferme les
    yeux —
à la fraîcheur dure de la terre odorante et irrégulière ;
et quelque chose des bruits indistincts des choses vivantes,
et seule une ombre vermeille de lumière appuie légère-
    ment sur mes orbites,
et seul un restant de vie entend.

Vis, dis-tu, dans le présent ;
ne vis que dans le présent.

Mais moi je ne veux pas le présent, je veux la réalité ;
je veux les choses qui existent, non le temps qui les
mesure.

Qu'est-ce que le présent ?
C'est une chose relative au passé et à l'avenir.
C'est une chose qui existe en fonction de l'existence
d'autres choses.
Moi je veux la seule réalité, les choses sans présent.

Je ne veux pas inclure le temps dans mon schéma.
Je ne veux pas penser les choses en tant que présentes : je
veux les penser en tant que choses.
Je ne veux pas les séparer d'elles-mêmes, en les traitant de
présentes.

Je ne devrais même pas les traiter de réelles.
Je ne devrais les traiter de rien du tout.

Je devrais les voir, simplement les voir ;
les voir jusqu'au point de ne pouvoir penser à elles,
les voir hors du temps, hors de l'espace,
les voir avec la faculté de tout départir, fors le visible.
Telle est la science de voir — qui n'en est pas une.

Ce matin je suis sorti très tôt
parce que je m'étais éveillé encore plus tôt
et qu'il n'y avait rien que j'eusse envie de faire...

Je ne savais quelle direction prendre,
mais le vent soufflait fort, il poussait d'un côté,
et je suivis le chemin vers quoi le vent me soufflait dans le
    dos.

Telle a toujours été ma vie, et
telle je désire qu'elle soit à jamais —
je vais là où le vent m'emporte et je
ne me sens pas penser.

Premier signe avant-coureur de l'orage d'après-demain.
Les premiers nuages blancs planent bas dans le ciel terne,
de l'orage d'après-demain ?
J'en ai la certitude, mais la certitude est mensonge.
Avoir une certitude, c'est ne pas voir.
Il n'y a pas d'après-demain.
Ce qu'il y a, le voici :
un ciel d'azur, un peu terne, quelques nuages blancs à
    l'horizon,
avec une retouche de salissure en bas, comme s'il avait
    noirci après coup.
Voilà ce qu'est le jour d'aujourd'hui,
et comme aujourd'hui jusqu'à nouvel ordre est tout, c'est
    tout.
Qui sait si je serai mort après-demain ?
Si je suis mort après-demain, l'orage d'après-demain
sera un autre orage que celui qu'il aurait été si je n'étais
    pas mort.
Je sais bien que l'orage n'a pas sa source dans mes yeux,
mais si je ne suis plus au monde,
le monde sera différent —
— j'y serai en moins —
et l'orage tombera dans un monde différent et il ne sera
    pas le même orage.

Je sais moi aussi faire des conjectures.

Il est en chaque chose l'essence qui.l'anime.

Dans la plante elle est à l'extérieur et c'est une petite
nymphe.

Dans l'animal c'est un être intérieur et lointain.

Chez l'homme c'est l'âme qui vit avec lui et qui est déjà
lui.

Chez les dieux elle a les mêmes dimensions

et le même espace que le corps

et c'est la même chose que le corps.

C'est pourquoi on dit que les dieux ne meurent jamais.

C'est pourquoi les dieux n'ont pas un corps et une âme,

mais un corps seulement, et sont parfaits.

C'est le corps qui leur tient lieu d'âme

et ils ont leur conscience dans leur propre chair divine.

Sur toute chose la neige a posé une nappe de silence.
On n'entend que ce qui se passe à l'intérieur de la maison.
Je m'enveloppe dans une couverture et je ne pense même
    pas à penser.
J'éprouve une jouissance animale et vaguement je pense,
et je m'endors sans moins d'utilité que toutes les actions
    du monde.

Voici peut-être le dernier jour de ma vie.
J'ai salué le soleil en levant la main droite,
mais je ne l'ai pas salué en lui disant adieu —
non, plutôt en faisant signe que j'étais heureux de le voir :
  c'est tout.

IV
POÈMES RETROUVÉS[1]

Toutes les opinions sur la nature qui ont cours
n'ont jamais fait pousser une herbe ou naître une fleur.
Toute la somme des connaissances relatives aux choses
jamais ne fut chose à quoi je pusse adhérer autant qu'aux
    choses.
Si la science entend être véridique,
est-il science plus véridique que celle des choses étrangères
    à la science ?
Je ferme les yeux et la terre sur laquelle je me couche
a une réalité si réelle qu'il n'est jusqu'à mon échine qui ne
    le sente.
Quel besoin ai-je de ratiociner si j'ai des épaules ?

1. Ces six textes, datés du 25 mai 1918, ont paru pour la première fois
dans l'édition brésilienne de l'*Œuvre poétique* de Fernando Pessoa (Éditions José Aguilar, Rio de Janeiro, 1960).

Navire qui pars pour des terres lointaines,
comment se fait-il qu'à l'inverse des autres
tu ne me laisses, en partant, aucun regret ?
C'est que, dès que je ne te vois plus, tu cesses d'exister.
Et, s'il est des gens pour regretter ce qui n'existe pas,
il n'est chose au monde dont j'éprouve un tel regret ;
ce n'est pas le navire, mais nous-mêmes, que nous
    regrettons.

La campagne peu à peu grandit et se dore.
Le matin s'égare aux accidents de terrain de la plaine.
Je suis étranger au spectacle que je vois : je le vois,
il me reste extérieur. Aucun sentiment ne me lie à lui —
et c'est ce sentiment qui me lie au matin qui apparaît.

Dernière étoile à disparaître avant le jour,
je pose sur ton clignotement bleu-blanc mon regard calme,
et je te vois indépendamment de moi ;
joyeux de par le sens que j'ai de pouvoir t'observer
hors de tout « état d'âme », je rêve que je te vois.
Ta beauté à mes yeux est dans le fait que tu existes,
et ta grandeur dans le fait que tu existes entièrement hors
    de moi.

L'eau gémit dans la gargoulette que je porte à mes lèvres.
« C'est un bruit frais », me dit celui qui n'en boit pas.
Je souris. Le son n'est qu'un gémissement.
Je bois l'eau sans rien entendre avec la gorge.

Celui qui a entendu mes vers m'a dit : « Qu'y a-t-il là de nouveau ? »

Tout le monde sait qu'une fleur est une fleur et qu'un arbre est un arbre.

Mais moi j'ai répondu : « Tout le monde ? voire... »

Car tout le monde aime les fleurs parce qu'elles sont belles, et moi je suis différent.

Et tout le monde aime les arbres parce qu'ils sont verts et donnent de l'ombre, mais pas moi.

J'aime les fleurs parce qu'elles sont des fleurs, directement.

J'aime les arbres parce qu'ils sont des arbres, sans ma pensée.

FIN
DE L'ŒUVRE
D'ALBERTO CAEIRO

ALBERTO CAEIRO

JUGÉ

par

RICARDO REIS[1]

Dans ces poèmes en apparence si simples, le critique enclin à une analyse scrupuleuse se trouve progressivement en présence d'éléments de plus en plus inattendus, de plus en plus complexes. Tenant pour axiomatique ce qui le frappe d'emblée, le naturel et la spontanéité des poèmes de Caeiro, il s'émerveille de constater qu'ils sont, en même temps, rigoureusement unifiés par une pensée philosophique qui, non seulement les coordonne et les enchaîne, mais qui, plus encore, prévoit les objections, devance les critiques et explique les défauts par leur intégration dans la substance spirituelle de l'œuvre. Ainsi, alors que Caeiro se donne pour un poète objectif, ce qu'effectivement il est, nous le surprenons, dans quatre de ses chansons, en train d'exprimer des impressions entièrement subjectives. Mais nous n'avons pas la satisfaction cruelle de nous croire à même de lui indiquer qu'il a fait fausse route. Dans le poème qui précède immédiatement ces chansons, il explique qu'elles furent écrites au cours

1. Note de Ricardo Reis, publiée pour la première fois dans l'*Œuvre poétique* de Fernando Pessoa (Rio de Janeiro, 1960).

d'une maladie, et que, partant, elles doivent de toute nécessité être différentes de ses œuvres normales, pour cette seule raison que la maladie n'est pas la santé. Et c'est ainsi que le critique se trouve empêché de porter à ses lèvres la coupe de sa satisfaction cruelle.

... Celui-là seul qui lira cette œuvre dans un esprit de patience autant que de promptitude pourra évaluer ce qu'a de déconcertant cette prévision, cette cohérence intellectuelle (plus encore que sentimentale ou émotive).

Là réside, toutefois, l'esprit païen dans sa vérité. Cet ordre et cette discipline que possédait le paganisme, et cette intelligence rationnelle des choses, qui était son apanage et qui a cessé d'être nôtre, se trouvent là. S'il manque, en effet, dans la forme, il est ici dans l'essence. Et ce n'est pas la forme extérieure du paganisme, je le répète, que Caeiro est venu reconstruire ; c'est l'essence qu'il a rappelée de l'Averne, tel Orphée Eurydice, par la magie harmonique (mélodique) de son émotion.

Quels sont, d'après mes canons de jugement, les défauts de cette œuvre ? Ils ne sont qu'au nombre de deux, et ils ne ternissent guère son éclat frère des dieux.

Il manque aux poèmes de Caeiro ce qui devait les compléter : la discipline extérieure susceptible de donner à leur force l'ordre et la cohérence qui règnent à l'intime de l'Œuvre. Il a choisi, ainsi qu'on le voit, un vers qui, tout fortement personnel qu'il est — comme il ne pouvait laisser de l'être —, est encore le vers libre des modernes. Il n'a pas subordonné l'expression à une discipline comparable à celle à quoi il a presque toujours subordonné l'émotion, et, toujours, l'idée. On lui pardonne cette déficience, parce qu'on pardonne beaucoup aux innovateurs ; mais on ne saurait avancer que ce soit là une déficience, plutôt qu'un signe de distinction.

Tout de même, l'émotion se ressent encore un peu du milieu chrétien dans lequel a surgi en ce monde l'âme du poète. L'idée, toujours essentiellement païenne, a parfois recours à un tégument émotif inadéquat. Dans *Le Gardeur de troupeaux,* il y a un perfectionnement graduel dans cette direction : les poèmes de la fin — et surtout les quatre ou cinq qui précèdent les deux derniers — sont d'une parfaite unité idéo-émotive. Je pardonnerais au poète qu'il fût ainsi resté esclave de certains accessoires sentimentaux de la mentalité chrétienne, s'il ne parvenait jamais, jusqu'à la fin de son œuvre, à se libérer d'eux. Mais si, à un certain moment de son évolution poétique, il y est parvenu, je l'incrimine, et sévèrement (comme sévèrement, d'homme à homme, je l'ai incriminé), de ne pas retourner à ses poèmes antérieurs, en les ajustant à la discipline acquise et, au cas où certains d'entre eux ne se soumettraient pas à cette discipline, en les biffant entièrement. Mais le courage de sacrifier ce qui est fait est chez le poète la chose la plus rare. Plus difficile est de refaire que de faire une première fois. En vérité, au rebours de ce qu'affirme l'adage français, il n'y a que le dernier pas qui coûte.

C'est ainsi que je trouve tel poème du recueil, si attendrissant — et de façon si irritante — pour un chrétien, absolument déplorable pour un poète objectif, pour un reconstructeur de l'essence du paganisme. Dans ce poème l'auteur s'abaisse jusqu'aux couches les plus basses du subjectivisme d'inspiration chrétienne, au point d'atteindre ce mélange de l'objectif et du subjectif qui est l'affection spécifique des plus morbides d'entre les modernes (depuis certains points de l'œuvre intolérable du malheureux appelé Victor Hugo jusqu'à la quasi-totalité du magma amorphe qui parfois tient lieu de poésie chez nos contemporains mystiques).

J'exagère, peut-être, et, qui sait ? je m'abuse. Ayant tiré parti de la résurrection du paganisme opérée par Caeiro, et, ayant, comme tous ceux qui tirent parti d'un résultat acquis, atteint à l'art facile de perfectionner, qui est un art de deuxième main, peut-être est-il ingrat de ma part de me révolter contre les défauts inhérents à une innovation dont j'ai fait mon profit. Mais, si je les tiens pour des défauts, je me dois, tout en les excusant, de leur donner ce nom. *Magis amica veritas.*

À PROPOS DU POÈME VIII
du
GARDEUR DE TROUPEAUX [1]

... J'ai construit en moi divers personnages distincts entre eux et de moi-même, personnages auxquels j'ai attribué des poèmes divers qui ne sont pas ceux que, étant donné mes sentiments et mes idées, j'écrirais.

C'est ainsi que doivent être considérés ces poèmes de Caeiro, ceux de Ricardo Reis et ceux d'Alvaro de Campos. Il ne faut chercher en aucun d'eux des idées ou des sentiments qui soient miens, car beaucoup d'entre eux expriment des idées que je n'accepte pas, des sentiments que je n'ai jamais éprouvés. Il n'est que de les lire tels qu'ils sont, ce qui est d'ailleurs la vraie façon de lire.

Un exemple : j'ai écrit avec un haut-le-corps de répugnance le huitième poème du *Gardeur de troupeaux*, avec son blasphème puéril et son antispiritualisme absolu. Dans mon être propre, et apparemment réel, avec lequel je vis socialement et objectivement, je n'ai jamais recours au blasphème, et je ne suis pas antispiritualiste. Alberto Caeiro, toutefois, tel que je l'ai conçu, est ainsi ; c'est ainsi qu'il doit donc écrire, que je le veuille ou non. Me dénier le droit d'en user ainsi, ce serait la même chose que de

---

1. Note de Fernando Pessoa, publiée pour la première fois en 1960.

163

dénier à Shakespeare le droit de donner expression à l'âme de Lady Macbeth, sous prétexte que lui, poète, n'était ni une femme, ni, autant qu'on le sache, un hystéro-épileptique...

Poésies
d'Alvaro de Campos

Moi, c'est tous ; Tous, c'est moi. Tourbillon.

Charles Baudelaire.
Fusées.

J'adore toutes les choses
et mon cœur est un asile ouvert toute la nuit.
À la vie je porte un intérêt avide
qui cherche à la comprendre en l'éprouvant très fort.
J'aime tout, j'anime tout, à tout je confère l'humanité,
aux hommes et aux pierres, aux âmes et aux machines,
pour accroître d'autant ma personnalité.

Alvaro de Campos.

... Vous dites que je suis double, mais non je suis immense...
... J'ai toujours cru à tout. Dieu et le démon, je les confonds dans
mon cœur.
... Je ne suis pas dans la société, je suis dans la nature.

Drieu la Rochelle.
Écrit en 1935, année de la mort de Pessoa.

Les Anciens invoquaient les Muses.
Nous, c'est nous-mêmes que nous invoquons.
Je ne sais si les Muses apparaissaient —
sans doute était-ce selon l'invocation et l'invoqué —
mais je sais bien que nous, nous n'apparaissons pas.
Que de fois je me suis penché
au-dessus du puits que je crois être
et bêlé « aâh » pour entendre un écho
sans rien entendre que ce que je voyais —
la vague lueur sombre dont l'eau resplendit
tout en bas, dans l'inutilité du fond...
Pour moi aucun écho...
Rien qu'un visage, vaguement,
qui doit être le mien, ne pouvant être de nul autre.
C'est une chose presque invisible,
hormis que j'y vois comme lumineusement,
tout au fond...
dans le silence et dans la fausse clarté du fond...

Drôle de Muse !...

DEUX FRAGMENTS D'ODES

(FIN DE DEUX ODES, NATURELLEMENT)

30 juin 1914.

I

. . . .
Viens, Nuit très ancienne et identique,
Nuit Reine qui naquis détrônée,
Nuit intérieurement égale au silence, Nuit
semée d'étoiles pailletées au rapide éclat
sous ton vêtement frangé d'infini.

Viens, vaguement,
viens, légèrement,
viens toute seule, solennelle, les mains abandonnées
contre ton flanc, viens
et amène les monts lointains auprès des arbres proches,
fonds dans un champ à toi tous les champs que je vois,
de la montagne fais bloc avec ton corps,
estompe toutes ses différences que de loin je distingue,
toutes les routes qui la gravissent,
tous les arbres divers qui la montrent vert sombre au loin,
toutes les maisons blanches avec de la fumée entre les
    arbres,
ne laissant qu'une lumière ici et là, et puis une autre,

168

dans la distance imprécise et vaguement troublante,
dans la distance subitement infranchissable.

Notre Dame
des choses impossibles que nous cherchons en vain,
des rêves qui nous rejoignent au crépuscule, à la fenêtre,
des velléités qui nous caressent
sur les grandes terrasses des hôtels cosmopolites
au son européen des musiques et des voix proches et
   lointaines,
et qui font mal parce qu'on les sait irréalisables...
Viens et berce-nous,
viens, et dorlote-nous,
baise-nous silencieusement le front,
si impalpablement que nous ignorions qu'on le baise,
hormis, peut-être, par cette différence dans l'âme
et ce sanglot vague à la déchirure mélodieuse
au plus ancien de nous
là où racinent tous ces arbres de merveille
dont les fruits sont les rêves que nous chérissons
parce que nous les savons sans relation avec le contenu de
   la vie.

Viens, très solennelle,
très solennelle et pleine
d'une secrète envie de sanglots,
peut-être parce que l'âme est grande et petite la vie,
que tous les gestes sont prisonniers de notre corps,
que nous n'atteignons rien au-delà de la portée de notre
   bras
et que nous ne voyons que dans le champ de notre regard.

Viens, douloureuse,
Mater-Dolorosa des Angoisses des Timides,
Turris-Eburnea des Tristesses des Méprisés,
main fraîche au front fiévreux des humbles,

saveur d'eau sur les lèvres sèches des Fatigués.
Viens, du fond là-bas
de l'horizon livide,
viens et arrache-moi
du sol d'angoisse et d'inutilité
où je verdoie.
Cueille-moi sur mon sol, marguerite oubliée,
feuille à feuille lis en moi je ne sais quelle bonne aventure
et effeuille-moi pour ton plaisir,
pour ton plaisir silencieux et frais.
Une feuille de moi pointe vers le Nord,
où sont les cités d'Aujourd'hui que j'ai tant aimées ;
une autre feuille de moi pointe vers le Sud,
où sont les mers qu'ouvrirent les Navigateurs.
Une autre de mes feuilles darde vers l'Occident,
où brûle d'un éclat vermeil ce qui peut-être est l'Avenir,
que j'adore, moi, sans même le connaître.
Et l'autre, les autres, tout le reste de mon être
tend vers l'Orient,
l'Orient d'où vient toute chose, et le jour et la foi,
l'Orient pompeux et fanatique et chaud,
l'Orient excessif que jamais je ne verrai,
l'Orient bouddhiste, brahmanique, shintoïste,
l'Orient qui a tout ce que nous n'avons pas,
l'Orient qui est tout ce que nous ne sommes pas,
l'Orient où — qui sait ? — le Christ peut-être vit encore
    aujourd'hui,
où Dieu peut-être existe en vérité et commande à toute
    chose...

Viens par-dessus les mers,
par-dessus les mers majeures,
par-dessus les mers sans horizons précis,
viens et passe la main sur ce dos de bête fauve
et calme-le mystérieusement,
ô dompteuse hypnotique de tout ce qui s'agite fortement !

Viens, précautionneuse,
viens, maternelle,
à tapinois infirmière très ancienne, qui t'es assise
au chevet des dieux des fois perdues,
qui as vu naître Jupiter et Jéhovah
et qui as souri parce qu'à tes yeux tout est faux et inutile.

Viens, Nuit silencieuse et extatique,
viens envelopper dans le blanc manteau de la nuit
mon cœur...
Sereinement comme une brise dans le soir léger,
tranquillement ainsi qu'une caresse maternelle,
avec les étoiles qui luisent entre tes mains
et la lune masque mystérieux sur ton visage.
Tous les sons résonnent autrement
lorsque tu viens.
À ton entrée baissent toutes les voix,
nul ne te voit entrer.
Nul ne sait quand tu es entrée,
sinon tout à coup, en voyant que tout se recueille,
que tout perd arêtes et couleurs,
et qu'au firmament encore clairement bleu,
croissant déjà net, ou disque blanc, ou simple clarté
    nouvelle en train de poindre,

la lune commence à être réelle.

II

Ah, le crépuscule, la chute du jour, les lumières qui
    s'allument dans les grandes cités,
et la main de mystère qui couvre tout le brouhaha
et la lassitude de toute notre corruption intérieure

qui débouche sur la sensation exacte et précise et active de
la Vie !
Chaque rue est un canal d'une Venise d'ennuis,
et quel mystère dans le fond unanime des rues,
des rues à la chute du jour, ô Cesário Verde[1], ô Maître,
ô toi qui écrivis *Sentiment d'un Occidental* !

Quelle inquiétude profonde, quel désir de choses différentes
qui ne soient ni des instants, ni des vies, ni des pays,
quel désir peut-être d'autres manières d'états d'âme
humecte du dedans l'instant lent et lointain !

Une horreur somnambule parmi les lumières qui s'allu-
ment,
un effroi liquide et tendre, adossé à tous les angles
tel un homme qui mendie d'impossibles sensations
sans savoir qui pourra lui en faire offrande...

Quand je mourrai,
quand je m'engagerai ignoblement, comme tout le monde,
sur ce chemin dont la pensée ne se peut regarder en face,
par cette porte où nous nous pencherions si nous pouvions
nous pencher,
vers ce port que ne connaît pas le capitaine du Navire,
que ce soit en cette heure à la hauteur de mes dégoûts
passés,
en cette heure mystique et spirituelle et très ancienne,
en cette heure où peut-être, il y a bien plus de temps qu'il
n'y paraît,
Platon vit en rêve l'idée de Dieu
sculpter corps et existence nettement plausible
à l'intérieur de sa pensée extériorisée comme un champ.

1. Voir ci-dessus, p. 42.

Que ce soit à cette heure que l'on m'enterre,
à cette heure que je ne sais comment vivre,
où je ne sais quelles sensations éprouver ou feindre
    d'éprouver,
à cette heure dont la miséricorde est faite d'excès et de
    torture,
dont les ombres viennent d'autre chose que les choses,
dont le vêtement n'effleure pas au passage le sol de la Vie
    Sensible
et qui ne laisse aucun parfum sur les chemins du Regard.

Croise les mains sur le genou, ô compagne que je n'ai ni ne
    désire avoir,
croise les mains sur le genou et regarde-moi en silence
à cette heure où je ne puis voir que tu me regardes,
regarde-moi en silence et en secret et demande-toi —
toi qui me connais — qui je suis...

PASSAGE DES HEURES

25 mai 1916.

Je porte dans mon cœur
comme dans un coffre impossible à fermer tant il est plein,
tous les lieux que j'ai hantés,
tous les ports où j'ai abordé,
tous les paysages que j'ai vus par des fenêtres ou des
    hublots,
ou des dunettes, en rêvant,
et tout cela, qui n'est pas peu, est infime au regard de mon
    désir.

L'entrée de Singapour, au petit jour, de couleur verte,
le corail des Maldives dans la touffeur de la traversée,
Macao à une heure du matin... Tout à coup je m'éveille...
Yat-lô-lô-lô-lô-lô-lô-lô... Ghi...
Et tout cela résonne en moi du fond d'une autre réalité...
L'allure nord-africaine quasiment de Zanzibar au soleil...
Dar-es-Salam (la sortie est difficile)...
Majunga, Nossi-Bé, Madagascar et ses verdures...
Tempêtes à l'entour du Guardafui...
Et le Cap de Bonne-Espérance, net dans le soleil du
    matin...
Et la Ville du Cap avec la Montagne de la Table au fond...

J'ai voyagé en plus de pays que ceux où j'ai touché,
vu plus de paysages que ceux sur lesquels j'ai posé les
yeux,
expérimenté plus de sensations que toutes les sensations
que j'ai éprouvées,
car, plus j'éprouvais, plus il me manquait à éprouver,
et toujours la vie m'a meurtri, toujours elle fut mesquine,
et moi malheureux.

À certains moments de la journée il me souvient de tout
cela, dans l'épouvante,
je pense à ce qui me restera de cette vie fragmentée, de cet
apogée,
de cette route dans les tournants, de cette automobile au
bord du chemin, de ce signal,
de cette tranquille turbulence de sensations contradictoires,
de cette transfusion, de cet insubstantiel, de cette conver-
gence diaprée,
de cette fièvre au fond de toutes les coupes,
de cette angoisse au fond de tous les plaisirs,
de cette satiété anticipée à l'anse de toutes les tasses,
de cette partie de cartes fastidieuse entre le Cap de Bonne-
Espérance et les Canaries.

La vie me donne-t-elle trop ou bien trop peu ?
Je ne sais si je sens trop ou bien trop peu, je ne sais
s'il me manque un scrupule spirituel, un point d'appui sur
l'intelligence,
une consanguinité avec le mystère des choses, un choc
à tous les contacts, du sang sous les coups, un ébranlement
sous l'effet des bruits,
ou bien s'il est à cela une autre explication plus commode
et plus heureuse.

Quoi qu'il en soit, mieux valait n'être pas né,
parce que, tout intéressante qu'elle est à chaque instant,

la vie finit par faire mal, par donner la nausée, par blesser,
    par frotter, par craquer,
par donner envie de pousser des cris, de bondir, de rester à
    terre, de sortir
de toutes les maisons, de toutes les logiques et de tous les
    balcons,
de bondir sauvagement vers la mort parmi les arbres et les
    oublis,
parmi culbutes, périls et absence de lendemain,
et tout cela aurait dû être quelque chose d'autre, plus
    semblable à ce que je pense,
avec ce que je pense ou éprouve, sans que je sache même
    quoi, ô vie.

Je croise les bras sur la table, je pose la tête entre mes
    bras,
il faudrait vouloir pleurer, mais je ne sais pas provoquer
    les larmes...
J'ai beau m'efforcer à m'apitoyer sur moi-même, je ne
    pleure pas,
j'ai l'âme lézardée sous l'index ployé qui la touche...
Qu'adviendra-t-il de moi ? qu'adviendra-t-il de moi ?

On a chassé le bouffon du palais à coups de fouet, sans
    raison,
on a fait lever le mendiant de la marche où il était tombé.
On a battu l'enfant abandonné, on lui a arraché le pain des
    mains.
Oh, douleur immense du monde, où l'action se dérobe...
Si décadent, si décadent, si décadent...
Je ne suis bien que lorsque j'entends de la musique — et
    encore...
Jardins du dix-huitième siècle avant 89,
où êtes-vous, moi qui n'importe comment voudrais
    pleurer ?

Tel un baume qui ne réconforte que par l'idée que c'est un baume,
Le soir d'aujourd'hui et de tous les jours, peu à peu, monotone, tombe.

On a allumé les lumières, la nuit tombe, la vie se métamorphose,
N'importe comment, il faut continuer à vivre.
Mon âme brûle comme si c'était une main, physiquement.
Je me cogne à tous les passants sur le chemin.
Ma propriété de campagne,
dire qu'il est entre toi et moi moins qu'un train, qu'une diligence et que la décision de partir,
si bien que je reste sur place, je reste... Je suis celui qui veut toujours partir
et qui toujours reste, toujours reste, toujours reste —
jusqu'à la mort physique il reste, même s'il part, il reste, reste, reste...

Rends-moi humain, ô nuit, rends-moi fraternel et empressé,
ce n'est que de façon humanitaire qu'on peut vivre.
Ce n'est qu'en aimant les hommes, les actions, la banalité des travaux,
ce n'est qu'ainsi — pauvre de moi ! — ce n'est qu'ainsi que l'on peut vivre.
Ce n'est qu'ainsi, ô nuit, et moi qui jamais ne pourrai vivre dans ce style !

J'ai tout vu, et de tout je me suis émerveillé,
mais ce tout ou bien fut en excès ou bien ne suffit pas, je ne saurais le dire — et j'ai souffert.
J'ai vécu toutes les émotions, toutes les pensées, tous les gestes,
et il m'en est resté une tristesse comme si j'avais voulu les vivre sans y parvenir.

177

J'ai aimé et haï comme tout le monde,
mais pour tout le monde cela a été normal et instinctif,
et pour moi ce fut toujours l'exception, le choc, la
    soupape, le spasme.

Viens, ô nuit, apaise-moi, et noie mon être en tes eaux.
Affectueuse de l'Au-Delà, maîtresse du deuil infini,
douleur externe de la Terre, pleur silencieux du Monde.
Mère suave et antique des émotions non démonstratives,
sœur aînée, vierge et triste aux pensées décousues,
fiancée dans l'éternelle attente de nos desseins inachevés,
avec la direction constamment abandonnée de notre
    destin,
notre incertitude païenne sans joie,
notre faiblesse chrétienne sans foi,
notre bouddhisme inerte, sans amour pour les choses et
    sans extases,
notre fièvre, notre pâleur, notre impatience de faibles,
notre vie, ô mère, notre vie perdue...

Je ne sais pas sentir, je ne sais pas être humain, vivre en
    bonne intelligence
au sein de mon âme triste avec les hommes mes frères sur
    la terre.
Je ne sais pas être utile fût-ce dans mes sensations, être
    pratique, être quotidien, net,
avoir un poste dans la vie, avoir un destin parmi les
    hommes,
avoir une œuvre, une force, une envie, un jardin,
une raison de me reposer, un besoin de me distraire,
une chose qui me vienne directement de la nature.

Pour cette raison sois-moi maternelle, ô nuit tranquille...
Toi qui ravis le monde au monde, toi qui es la paix,
toi qui n'existes pas, qui n'es que l'absence de la lumière,
toi qui n'es pas une chose, un lieu, une essence, une vie,

Pénélope à la toile, demain défaite, de ton obscurité,
Circé irréelle des fébriles, des angoissés sans cause,
viens à moi, ô nuit, tends-moi les mains,
et sur mon front, ô nuit, sois fraîcheur et soulagement.

Toi, dont la venue est si douce qu'elle paraît un éloigne-
      ment,
dont le flux et le reflux de ténèbres, quand la lune respire
      doucement,
ont des vagues de tendresse morte, un froid de mers de
      songe,
des brises de paysages irréels pour l'excès de notre
      angoisse...
Toi, et ta pâleur, toi, plaintive, toi, toute liquidité,
arôme de mort parmi les fleurs, haleine de fièvre sur les
      bords,
toi, reine, toi, châtelaine, toi, femme pâle, viens...

Tout sentir de toutes les manières,
tout vivre de toutes parts,
être la même chose de toutes les façons possibles en même
      temps,
réaliser en soi l'humanité de tous les moments
en un seul moment diffus, profus, complet et lointain...

J'ai toujours envie de m'identifier à ce avec quoi je
      sympathise
et toujours je me mue, tôt ou tard,
en l'objet de ma sympathie, pierre ou désir,
fleur ou idée abstraite,
foule ou façon de comprendre Dieu.
Et je sympathise avec tout, je vis de tout en tout.
Les hommes supérieurs me sont sympathiques parce qu'ils
      sont supérieurs,
et sympathiques les hommes inférieurs parce qu'ils sont
      supérieurs aussi,

parce que le fait d'être inférieur est autre chose qu'être
   supérieur,
et partant c'est une supériorité à certains moments de la
   vision.
Je sympathise avec certains hommes pour leurs qualités de
   caractère,
et avec d'autres je sympathise pour leur manque de ces
   qualités,
et avec d'autres encore je sympathise par sympathie pure
et il y a des moments absolument organiques qui embras-
   sent toute l'humanité.
Oui, comme je suis monarque absolu dans ma sympathie,
il suffit qu'elle existe pour qu'elle ait sa raison d'être.
Je presse contre mon sein haletant, en une étreinte émue
(dans la même étreinte émue),
l'homme qui donne sa chemise au pauvre qu'il ne connaît
   pas,
le soldat qui meurt pour sa patrie sans savoir ce qu'est la
   patrie,
et le matricide, le fratricide, l'incestueux, le suborneur
   d'enfants,
le voleur de grand chemin, le corsaire des mers,
le pickpocket, l'ombre aux aguets dans les venelles —
ils sont tous ma maîtresse favorite au moins un instant
   dans ma vie.
Je baise sur les lèvres toutes les prostituées,
sur les yeux je baise tous les *souteneurs* [1],
aux pieds de tous les assassins gît ma passivité,
et ma cape à l'espagnole couvre la retraite de tous les
   voleurs.
Tout est la raison d'être de ma vie.

---

1. Les mots et phrases en italique sont tous, selon le cas, en français ou
en anglais dans le texte. *(N.d.T.)*

J'ai commis tous les crimes,
j'ai vécu à l'intérieur de tous les crimes
(je fus moi-même, ni tel ou tel dans le vice,
mais le propre vice incarné qu'entre eux ils pratiquèrent,
et de ces heures j'ai fait l'arc de triomphe suprême de ma
vie).

Je me suis multiplié pour m'éprouver,
pour m'éprouver moi-même il m'a fallu tout éprouver,
j'ai débordé, je n'ai fait que m'extravaser,
je me suis dévêtu, je me suis livré,
et il est en chaque coin de mon âme un autel à un dieu
différent.

Les bras de tous les athlètes m'ont étreint subitement
féminin,
et à cette seule pensée j'ai défailli entre des muscles
virtuels.

Ma bouche a reçu les baisers de toutes les rencontres,
dans mon cœur se sont agités les mouchoirs de tous les
adieux,
tous les appels obscènes du geste et des regards
me fouillent tout le corps avec leur centre dans les organes
sexuels.
J'ai été tous les ascètes, tous les parias, tous les oubliés
et tous les pédérastes — absolument tous (il n'en manquait
pas un),
rendez-vous noir et vermeil dans les bas-fonds infernaux
de mon âme !

(Freddie, je t'appelais Baby, car tu étais blond et blanc, et
je t'aimais,
de combien d'impératrices présomptives et de princesses
détrônées tu me tins lieu !)
Mary, avec qui je lisais Burns en des jours tristes comme la
sensation d'être vivant,

tu ne sais guère combien d'honnêtes ménages, combien de
    familles heureuses
ont vécu en toi mes yeux, mon bras autour de ta taille et
    ma conscience flottante,
leur vie paisible, leurs maisons de banlieue avec jardin,
    leurs *half-holidays* inopinés...
Mary, je suis malheureux...
Freddie, je suis malheureux...
Oh, vous tous, tant que vous êtes, fortuits, attardés,
combien de fois avez-vous pu penser à penser à moi, mais
    sans le faire ?
Ah, comme j'ai peu compté dans votre vie profonde,
si peu en vérité — et ce que j'ai été, moi, ô mon univers
    subjectif,
ô mon soleil, mon clair de lune, mes étoiles, mon moment,
ô part externe de moi perdue dans les labyrinthes de Dieu !
Tout passe, toutes les choses en un défilé qui m'est
    intérieur,
et toutes les cités du monde en moi font leur rumeur...

Mon cœur tribunal, mon cœur marché, mon cœur salle de
    Bourse, mon cœur comptoir de banque,
mon cœur rendez-vous de toute l'humanité,
Mon cœur banc de jardin public, auberge, hôtellerie,
    cachot numéroté
(Aquí estuvo el Manolo en vísperas de ir ao patíbulo [1]*)*
mon cœur club, salon, parterre, paillasson, *guichet,*
    coupée,
pont, grille, excursion, marche, voyage, vente aux
    enchères, foire, kermesse,
mon cœur œil-de-bœuf,
mon cœur colis,
mon cœur papier, bagage, satisfaction, livraison,

1. En un mélange de portugais et d'espagnol : *Ici était Manolo à la veille
d'aller à l'échafaud. (N.d.T.)*

182

mon cœur marge, limite, abrégé, index,
eh là, eh là, eh là, mon cœur bazar.

Tous les amants se sont baisés dans mon âme,
tous les clochards ont dormi un moment sur mon corps,
tous les méprisés se sont appuyés un moment à mon
    épaule,
ils ont traversé la rue à mon bras, tous les vieux et tous les
    malades,
et il y eut un secret que me dirent tous les assassins.

(Celle dont le sourire suggère la paix que je n'ai pas
et dont la façon de baisser les yeux fait un paysage de
    Hollande
avec les têtes de femmes *coiffées de lin*
et tout l'effort quotidien d'un peuple pacifique et propre...
Celle qui est la bague laissée sur la commode
et la faveur coincée en refermant le tiroir,
faveur rose, ce n'est pas la couleur que j'aime, mais la
    faveur coincée,
tout de même que je n'aime pas la vie, mais c'est la sentir
    que j'aime...

Dormir ainsi qu'un chien errant sur la route, au soleil,
définitivement étranger au restant de l'univers,
et que les voitures me passent sur le corps.)

J'ai couché avec tous les sentiments,
j'ai été *souteneur* de toutes les émotions,
tous les hasards des sensations m'ont payé à boire,
j'ai fait de l'œil à toutes les raisons d'agir,
j'ai été la main dans la main avec toutes les velléités de
    départ,
fièvre immense des heures !
Angoisse de la forge des émotions !

Rage, écume, l'immensité qui ne tient pas dans mon mouchoir,
la chienne qui hurle la nuit,
la mare de la métairie qui hante mon insomnie,
le bois comme il était le soir, quand nous nous y promenions, la rose,
la broussaille indifférente, la mousse, les pins,
la rage de ne pas contenir tout cela, de ne pas suspendre tout cela,
ô faim abstraite des choses, rut impuissant des minutes qui passent,
orgie intellectuelle de sentir la vie !

Tout obtenir par suffisance divine —
les veilles, les consentements, les avis,
les choses belles de la vie —
le talent, la vertu, l'impunité,
la tendance à reconduire les autres chez eux,
la situation de passager,
la commodité d'embarquer tôt pour trouver une place,
et toujours il manque quelque chose, un verre, une brise, une phrase,
et la vie fait d'autant plus mal qu'on a plus de plaisir et qu'on invente davantage.

Pouvoir rire, rire, rire effrontément,
rire comme un verre renversé,
fou absolument du seul fait de sentir,
rompu absolument de me frotter contre les choses,
blessé à la bouche pour avoir mordu aux choses,
les ongles en sang pour m'être cramponné aux choses,
et qu'ensuite on me donne la cellule qu'on voudra et j'aurai des souvenirs de la vie.

Tout sentir de toutes les manières,
avoir toutes les opinions,

être sincère en se contredisant à chaque minute,
se déplaire à soi-même en toute libéralité d'esprit,
et aimer les choses comme Dieu.

Moi, qui suis plus frère d'un arbre que d'un ouvrier,
moi, qui sens davantage la feinte douleur de la mer qui bat
    sur la grève
que la douleur réelle des enfants que l'on bat
(ah, comme cela doit sonner faux, pauvres enfants que
    l'on bat,
mais aussi pourquoi faut-il que mes sensations se bouscu-
    lent à si vive allure ?)
Moi, enfin, qui suis un dialogue continu
à haute voix, incompréhensible, au cœur de la nuit dans la
    tour,
lorsque les cloches oscillent vaguement sans que nul ne les
    touche
et qu'on souffre de savoir que la vie se poursuivra demain.
Moi, enfin, littéralement moi,
et moi métaphoriquement aussi,
moi, le poète sensationniste, envoyé du Hasard
aux lois irrépréhensibles de la Vie,
moi, le fumeur de cigarettes par adéquate profession,
l'individu qui fume l'opium, qui prend de l'absinthe, mais
    qui, enfin,
aime mieux penser à fumer de l'opium plutôt que d'en
    fumer
et qui trouve que de lorgner l'absinthe à boire a plus de
    goût que de la boire...
Moi, ce dégénéré supérieur sans archives dans l'âme,
sans personnalité avec valeur déclarée,
moi, l'investigateur solennel des choses futiles,
moi qui serais capable d'aller vivre en Sibérie pour le seul
    plaisir de prendre cette idée en aversion,
et qui trouve indifférent de ne pas attacher d'importance à
    la patrie,

parce que je n'ai pas de racine, comme un arbre, et que
   par conséquent je suis déraciné...

moi, qui si souvent me sens aussi réel qu'une métaphore,

qu'une phrase écrite par un malade dans le livre de la
   jeune fille qu'il a trouvé sur la terrasse,

ou qu'une partie d'échecs sur le pont d'un transatlantique,

moi, la bonne d'enfants qui pousse les *perambulators* dans
   tous les jardins publics,

moi, le sergent de ville qui l'observe, arrêté derrière elle,
   dans l'allée,

moi, l'enfant dans la poussette, qui fait des signaux à son
   inconscience lucide avec un hochet à grelots.

Moi, le paysage au fond de tout cela, la paix citadine
fondue à travers les arbres du jardin public,

moi, ce qui les attend tous au logis,

moi, ce qu'ils trouvent dans la rue,

moi, ce qu'ils ne savent pas d'eux-mêmes,

moi, cette chose à quoi tu penses — et ton sourire te tra-
   hit —

moi, le contradictoire, l'illusionnisme, la kyrielle, l'écume,

l'affiche fraîche encore, les hanches de la Française, le
   regard du curé,

le rond-point où les rues se croisent et où les *chauffeurs*
   dorment contre les voitures,

la cicatrice du sergent à mine patibulaire,

la crasse sur le collet du répétiteur malade qui rentre à la
   maison,

la tasse dans laquelle buvait toujours le tout-petit qui est
   mort,

celle dont l'anse est fêlée (et tout cela tient dans un cœur
   de mère et l'emplit)...

moi, la dictée de français de la petite qui tripote ses
   jarretelles,

moi, les pieds qui se touchent sous la table de *bridge* avec
   le lustre au plafond,

moi, la lettre cachée, la chaleur du fichu, le balcon avec la fenêtre entrouverte,

la porte de service où la bonne avoue son faible pour un cousin,

ce coquin de José qui avait promis de venir et qui a fait faux bond,

alors qu'on avait préparé un bon tour à lui jouer...

Moi, tout cela, et, en sus de cela, tout le reste du monde...

Tant de choses, les portes qui s'ouvrent, et la raison pour laquelle elles s'ouvrent,

et les choses qu'ont faites les mains qui ouvrent les portes...

Moi, le malheur — crème de toutes les expressions,

l'impossibilité d'exprimer tous les sentiments,

sans qu'il y ait une pierre au cimetière pour le frère de cette foule,

et ce qui semble ne rien vouloir dire veut toujours dire quelque chose...

Oui, moi, l'officier mécanicien de la marine qui suis superstitieux comme une brave campagnarde,

et qui porte monocle afin de ne pas ressembler à l'idée réelle que je me fais de moi,

qui mets parfois trois heures à m'habiller sans d'ailleurs trouver cela naturel,

mais je le trouve métaphysique et si l'on frappe à ma porte je me fâche,

pas tellement parce qu'on interrompt mon nœud de cravate que pour le fait de constater que la vie passe...

Oui, enfin, moi le destinataire des lettres cachetées,

la malle aux initiales détériorées,

l'intonation des voix que l'on n'entendra plus —

Dieu garde tout cela en son Mystère, et parfois nous l'éprouvons

et la vie tout à coup se fait pesante et il fait très froid plus près que le corps.

Brigitte, la cousine de ma tante,
le général dont elles parlaient — général au temps où elles
    étaient petites —
et la vie était guerre civile à tous les tournants...
Vive le mélodrame où Margot a pleuré !
Les feuilles sèches tombent à terre irrégulièrement
Mais le fait est que c'est toujours l'automne à l'automne,
après quoi vient l'hiver fatalement,
et il n'est pour conduire à la vie qu'un chemin, la vie
    même...

Ce vieillard insignifiant, mais qui pourtant a connu les
    romantiques,
cet opuscule politique du temps des révolutions constitu-
    tionnelles,
et la douleur que laisse tout cela, sans qu'on en sache la
    raison,
ni qu'il y ait pour tout pleurer d'autre raison que de le
    sentir.

Je tourne tous les jours à l'angle de toutes les rues,
et dès que je pense à une chose, c'est à une autre que je
    pense.
Je ne me soumets que par atavisme
et il y a toujours des raisons d'émigrer pour qui n'est pas
    alité.

Des *terrasses* de tous les cafés de toutes les villes
accessibles à l'imagination,
j'observe la vie qui passe, sans bouger je la suis,
je lui appartiens sans tirer un geste de ma poche
ni noter ce que j'ai vu pour ensuite faire semblant de
    l'avoir vu.

Dans l'automobile jaune passe la femme définitive de
    quelqu'un,

auprès d'elle je vais à son insu.

Sur le premier *trottoir* ils se rencontrent par un hasard
prémédité,

mais dès avant leur rencontre j'étais déjà là avec eux.

Il n'est moyen pour eux de m'esquiver, pas moyen que je
ne me trouve pas en tout lieu.

Mon privilège est un tout

(*brevetée, sans garantie de Dieu,* mon Âme).

J'assiste à tout et définitivement.

Il n'est bijou de femme qui ne soit acheté par moi et pour
moi,

il n'est intention d'espérer qui ne soit mienne de quelque
façon,

il n'est résultat de conversation qui ne soit mien par
hasard.

Il n'est son de cloche à Lisbonne il y a trente ans, il n'est
soirée du Théâtre San Carlos il y en a cinquante,

qui ne soit mien par gentillesse déposée.

J'ai été élevé par l'Imagination,

j'ai toujours cheminé avec elle la main dans la main,

j'ai toujours aimé, haï, parlé et pensé dans cette perspec-
tive,

et tous mes jours s'encadrent à cette croisée,

et toutes les heures paraissent miennes de cette façon.

Chevauchée explosive, explosée, comme une bombe qui
éclate,

Chevauchée éclatant de tous côtés en même temps,

Chevauchée au-dessus de l'espace, saut par-dessus le
temps,

bondis, cheval électron-ion, système solaire en raccourci,

au sein de l'action des pistons, hors de la rotation des
volants.

Dans les pistons, converti en une vitesse abstraite et folle,

je ne suis que fer et vitesse, va-et-vient, folie, rage
   contenue,
lié à la piste de tous les volants je tournoie des heures
   fabuleuses,
et tout l'univers grince, craque et en moi s'estropie.

Ho-ho-ho-ho-ho !...
De plus en plus avec l'esprit en avant du corps,
en avant de la propre idée rapide du corps projeté,
avec l'esprit qui suit en avant du corps, ombre, étincelle,
hé-là-ho-ho... Hélàhoho...

Toute l'énergie est la même et toute la nature est
   identique...
La sève de la sève des arbres est la même énergie que celle
   qui met en branle
les roues de la locomotive, les roues du tramway, les
   volants des diesels,
et une voiture tirée par des mules ou marchant à l'essence
   obéit à une même force.

Fureur panthéiste de sentir en moi formidablement,
avec tous mes sens en ébullition, tous mes pores fumants,
que tout n'est qu'une unique vitesse, qu'une unique
   énergie, qu'une unique ligne divine
de soi à soi, chuchotant dans la fixité des violences de
   vitesse démente...

Ave, salve, vive la véloce unité de toute chose !
Ave, salve, vive l'égalité de tout en flèche !
Ave, salve, vive la grande machine univers !
Ave, vous qui ne faites qu'un, arbres, machines, lois !
Ave, vous qui ne faites qu'un, vers de terre, pistons, idées
   abstraites,
la même sève vous emplit, la même sève vous transforme,
la même chose vous êtes, et le reste est extérieur et faux,

le reste, tout le statique qui demeure dans les yeux fixes,
mais non dans mes nerfs moteur à explosion à huiles
  lourdes ou légères,
non dans mes nerfs qui sont toutes les machines, tous les
  systèmes d'engrenage,
non dans mes nerfs locomotive, tram, automobile, bat-
  teuse à vapeur,
dans mes nerfs machine maritime, diesel, semi-diesel,
  Campbell,
dans mes nerfs installation absolue à la vapeur, au gaz, à
  l'huile, à l'électricité,
machine universelle actionnée par les courroies de tous les
  moments !

Tous les matins sont le matin et la vie.
Toutes les aurores brillent au même endroit :
l'Infini...
Toutes les joies d'oiseau viennent du même gosier,
tous les tremblements de feuille sont du même arbre,
et tous ceux qui se lèvent tôt pour aller travailler
vont de la même maison à la même usine par le même
  chemin...

Roule, grande boule, fourmilière de consciences, terre,
roule, teintée d'aurore, chapée de crépuscule, d'aplomb
  sous les soleils, nocturne,
roule dans l'espace abstrait, dans la nuit à peine éclairée,
roule...

Dans ma tête je sens la vitesse de la rotation de la terre,
et tous les pays et tous les vivants tournent en moi,
envie centrifuge, fureur d'escalader le ciel jusqu'aux
  astres,
bats à coups redoublés contre les parois internes de mon
  crâne,

parsème d'aiguilles aveugles toute la conscience de mon
   corps,
mille fois fais-moi lever et me diriger vers l'Abstrait,
vers l'introuvable, et là sans restrictions aucunes,
vers l'invisible But — tous les points où je ne suis pas — et
   simultanément...

Ah, n'être ni arrêté ni en mouvement,
ah, n'être ni debout ni couché,
ni éveillé ni endormi,
ni ici ni en un autre point quelconque,
résoudre l'équation de cette prolixe inquiétude,
savoir où se trouver afin de pouvoir se trouver partout à la
   fois,
savoir où me coucher afin de me promener dans toutes les
   rues...

Ho-ho-ho-ho-ho-ho-ho

Chevauchée ailée de moi par-dessus toutes les choses,
chevauchée brisée de moi par-dessous toutes les choses,
chevauchée ailée et brisée de moi à cause de toutes les
   choses...

Hop ! là, plus haut que les arbres, hop ! là plus bas que les
   étangs,
hop ! là contre les murs, hop ! là que je m'écorche contre
   les troncs,
hop ! là dans l'air, hop ! là dans le vent, hop ! là, hop ! là,
   sur les plages,
avec une vitesse croissante, insistante, violente,
hop ! là, hop ! là, hop ! là, hop ! là...

Chevauchée panthéiste de moi à l'intérieur de toutes les
   choses,

chevauchée énergétique à l'intérieur de toutes les éner-
gies,
chevauchée de moi à l'intérieur du charbon qui se
consume, de la lampe qui brûle,
clairon clair du matin au fond
du demi-cercle froid de l'horizon,
clairon ténu, lointain comme des drapeaux vagues
éployés au-delà du point où sont visibles les couleurs...

Clairon tremblant, poussière en suspens, où la nuit cesse,
poudre d'or en suspens au fond de la visibilité...

Chariot qui grince limpidement, vapeur qui siffle,
grue qui commence à tourner, sensible à mon oreille,
toux sèche, écho des intimités de la maison,
léger frisson matinal dans la joie de vivre,
éclat de rire soudain voilé par la brume extérieure je ne
sais comme,
midinette vouée à un plus grand malheur que le matin
qu'elle sent,
ouvrier tuberculeux touché de l'illusion du bonheur
à cette heure inévitablement vitale
où le relief des choses est doux, net et sympathique,
où les murs sont frais au contact de la main, et où les
maisons
ouvrent çà et là des yeux aux rideaux blancs.

Tout le matin est une colline qui oscille,

. . . .
... et tout s'achemine

vers l'heure pleine de lumière où les magasins baissent les
paupières
et rumeur trafic charrette train moi je sens soleil retentit

Vertige de midi aux moulures à vertige —
Soleil des cimes et nous... de ma vision striée,
du tournoiement figé de ma mémoire à sec,
de la brumeuse lueur fixe de ma conscience de vivre.

Rumeurs trafic charrette train autos je sens soleil rue,
feuillards cageots *trolley* boutique rue *vitrines* jupe yeux
rapidement caniveaux charrettes cageots rue traverser rue
promenade boutiquiers « pardon » rue
rue en promenade à travers moi qui me promène à travers
    la rue en moi
tout miroirs ces boutiques-ci dans ces boutiques-là
la vitesse des autos à l'envers dans les glaces obliques des
    vitrines,
le sol en l'air le soleil sous les pieds rue rigoles fleurs en
    corbeille rue
mon passé rue frissonne *camion* rue je ne me souviens pas
    rue

Moi tête baissée au centre de ma conscience de moi
rue sans pouvoir trouver une seule sensation à chaque fois
    rue
rue en arrière et en avant sous mes pieds
rue en X en Y en Z au creux de mes bras
rue à travers mon monocle en cercles de petit cinémato-
    graphe,
kaléidoscope en nettes courbes irisées rue.
Ivresse de la rue et de tout sentir voir entendre en même
    temps.
Battement des tempes au rythme des allées et venues
    simultanées.
Train brise-toi en heurtant le parapet de la voie de garage !
Navire cingle droit au quai et contre lui fends-toi !
Automobile conduite par la folie de tout l'univers préci-
    pite-toi
au fond de tous les précipices

et dans un grand choc, trz !, au fond de mon cœur déchire-
toi !

À *moi,* tous les objets projectiles !
À *moi,* tous les objets directions !
À *moi,* tous les objets invisibles à force de vitesse !
Battez-moi, transpercez-moi, dépassez-moi !
C'est moi qui me bats, qui me transperce, qui me dépasse !
La rage de tous les élans se referme en cercle-moi !

Hélà-hoho, train, automobile, aéroplane, mes désirs mala-
difs,
vitesse, incorpore-toi à toutes les idées,
tamponne tous les songes et broie-les,
roussis tous les idéaux humanitaires et utiles,
renverse tous les sentiments normaux, convenables,
concordants,
empoigne dans la rotation de ton volant vertigineux et
lourd
les corps de toutes les philosophies, les tropes de tous les
poèmes
écharpille-les et demeure seule, volant abstrait dans les
airs,
rut métallique, seigneur suprême de l'heure européenne.
Allons, et que la chevauchée n'ait point de fin, fût-ce en
Dieu !

. . . .
. . . .
. . . .
. . . .

J'ai mal, je ne sais comme, à l'imagination, mais c'est là
que j'ai mal,
en moi décline le soleil au haut du ciel.
Le soir a tendance à tomber dans l'azur et sur mes nerfs.
Allons, ô chevauchée, qui d'autre vas-tu devenir ?
Moi qui, véloce, vorace, glouton de l'énergie abstraite,

voudrais manger, boire, égratigner et écorcher le monde,
moi à qui suffirait de fouler l'univers aux pieds,
de le fouler, le fouler, le fouler jusqu'à l'insensibilité...
je sens, moi, que tout ce que j'ai désiré est resté en deçà de
    mon imagination,
que tout s'est dérobé à moi, bien que j'aie tout désiré.

Chevauchée à bride abattue par-dessus toutes les cimes,
chevauchée désarticulée plus bas que tous les puits,
chevauchée vol, chevauchée flèche, chevauchée pensée-
    éclair,
chevauchée moi, chevauchée moi, chevauchée l'univers-
    moi.
Hélàhoho-o-o-o-o-o-o-o...

Mon être élastique, ressort, aiguille, trépidation...

Je ne sais. Un sens me fait défaut, une prise
sur la vie, sur l'amour, sur la gloire...
A quoi bon une quelconque histoire,
un quelconque destin ?

Je suis seul, d'une solitude jamais atteinte,
creux en dedans, sans futur ni passé.
Sans me voir, semble-t-il, s'écoulent les instants,
mais ils passent sans que leur pas soit léger.

Je prends un livre, mais ce qui reste à lire déjà me lasse,
veux-je penser, ma conclusion d'avance me fait mal.
Le rêve me pèse avant d'être rêvé. Sentir
a terriblement l'air du déjà vu.

N'être rien, être une figure de roman,
sans vie, sans mort matérielle, une idée,
une chose que rien ne rende utile ou laide,
une ombre sur un sol irréel, un songe épouvanté.

LISBON REVISITED
(1926)

24 avril 1926.

Rien ne m'attache à rien.
J'ai envie de cinquante choses en même temps.
Avec une angoisse de faim charnelle
j'aspire à un je ne sais quoi —
de façon bien définie à l'indéfini...
Je dors inquiet, je vis dans l'état de rêve anxieux
du dormeur inquiet, qui rêve à demi.

On a fermé sur moi toutes les portes abstraites et
nécessaires,
on a tiré les rideaux de toutes les hypothèses que j'aurais
pu voir dans la rue,
il n'y a pas, dans celle que j'ai trouvée, le numéro qu'on
m'avait indiqué.

Je me suis éveillé à la même vie pour laquelle je m'étais
endormi.
Il n'est jusqu'aux armées que j'avais vues en songe qui
n'aient été mises en déroute.
Il n'est jusqu'à mes songes qui ne se soient sentis faux dans
l'instant où ils étaient rêvés.
Il n'est jusqu'à la vie de mes vœux — même cette vie-là —
dont je ne sois saturé.

198

Je comprends par à-coups ;
j'écris dans les entre-deux de la lassitude,
et c'est le spleen du spleen qui me rejette sur la grève.
Je ne sais quel avenir ou quel destin relève de mon
    angoisse sans gouvernail ;
je ne sais quelles îles de l'impossible Sud attendent mon
    naufrage,
ou quelles palmeraies de littérature me donneront au
    moins un vers.

Non, je ne sais rien de cela, ni d'autre chose, ni de rien...
et, au fond de mon esprit, où rêve ce que j'ai rêvé,
dans les champs ultimes de l'âme, où sans cause je me
    remémore
(et le passé est un brouillard naturel de larmes fausses),
par les chemins et les pistes des forêts lointaines
où je me suis imaginé présent,
s'enfuient taillées en pièces, derniers vestiges
de l'illusion finale,
mes armées de songe, défaites sans avoir été,
mes cohortes incréées, en Dieu démantelées.

Je te revois encore,
ville de mon enfance épouvantablement perdue,
ville triste et joyeuse, où je rêve une fois encore...
Moi ? mais suis-je le même que celui qui vécut ici, avant
    d'y retourner,
d'y retourner, d'y revenir,
d'y revenir, et d'encore y retourner ?
Ou bien sommes-nous tous les Moi que je fus ici ou qui
    furent
une série de comptes-êtres liés par un fil-mémoire,
une série de rêves faits par moi de quelqu'un à moi
    extérieur ?

Je te revois encore
d'un cœur plus lointain et d'une âme moins à moi.

Je te revois encore — Lisbonne et Tage avec le reste —,
passant inane de toi et de moi-même,
étranger ici comme partout,
accidentel dans ma vie comme dans mon âme,
phantasme errant à travers des chambres de souvenirs,
au bruit des rats et des planches qui grincent
dans le château maudit de la vie qu'il faut vivre...

Je te revois encore,
ombre qui passe à travers des ombres, et qui brille
un instant d'une lumière funèbre et inconnue,
et qui entre dans la nuit ainsi que se perd le sillage d'un
    navire
dans l'eau que l'on cesse d'entendre...

Je te revois encore,
mais moi, hélas, je ne me revois pas !
Il s'est brisé, le miroir magique où je me revoyais
    identique,
et en chaque fragment fatidique je ne vois qu'une parcelle
    de moi,
une parcelle de toi et de moi !...

Sur les marchés à venir — peut-être les mêmes que les
     nôtres — quels élixirs va-t-on vendre à la criée ?
Sous des étiquettes différentes, les mêmes que ceux de
     l'Égypte des Pharaons,
avec, pour pousser à l'achat, d'autres procédés, ceux que
     déjà nous pratiquons.

Et les métaphysiques perdues dans les recoins des cafés du
     monde entier,
tout le décrochez-moi-ça des philosophies solitaires,
les idées fortuites de tout le fortuit de l'univers, les
     intuitions de tant de nullité,
un jour peut-être, sous les espèces d'un fluide abstrait et
     d'une substance inconcevable,
tout cela formera-t-il un Dieu et occupera-t-il le monde ?
Mais pour moi, aujourd'hui, pour moi,
je n'éprouve aucune paix à penser aux propriétés des
     choses, aux destins qui me restent cachés,
de ma propre métaphysique, qui me vient du fait de penser
     et de sentir,

toute paix est absente,
alors que les grands monts au soleil la possèdent si
    nettement !

L'ont-ils ? Les monts au soleil n'ont rien qui relève de
    l'esprit.
Ils ne seraient pas des monts, ils ne seraient pas au soleil
    s'ils l'avaient.

La fatigue de penser, plongeant jusques au fond de l'être,
me vieillit depuis plus loin qu'hier et me fait froid jusque
    dans le corps.

Qu'est-il advenu des intentions perdues et des impossibles
    songes ?
Pourquoi faut-il qu'il y ait des intentions mortes et des
    rêves sans raison ?
Les jours de pluie lente, continue, monotone, une,
il m'en coûte de me lever de la chaise où je m'étais assis
    sans m'en aviser,
et l'univers autour de moi est creux absolument.

Mon être est spongieux de l'ennui dont est faite l'humaine
    ossature
et mon âme se morfond du souvenir de je ne sais quelle
    chose oubliée.
Sans doute les mers du Sud ont-elles des ressources de
    songe
et les sables des déserts au grand complet compensent-ils
    un peu le manque d'imagination ?
Mais dans mon cœur sans îles ni mers, ni déserts, c'est moi
    que j'éprouve,
dans mon âme vide c'est moi que je trouve,
et je me conte avec prolixité sans rime ni raison, tel l'idiot
    du village pris de fièvre.

Furie froide du destin,
intersection de tout,
confusion des choses avec leurs causes et leurs effets,
conséquence d'avoir corps et âme,
et le bruit de la pluie parvient à me faire exister, et il fait
  sombre.

BUREAU DE TABAC

15 janvier 1928.

Je ne suis rien.
Jamais je ne serai rien.
Je ne puis vouloir être rien.
Cela dit, je porte en moi tous les rêves du monde.

Fenêtres de ma chambre,
de ma chambre dans la fourmilière humaine unité ignorée
(et si l'on savait ce qu'elle est, que saurait-on de plus ?),
vous donnez sur le mystère d'une rue au va-et-vient
    continuel,
sur une rue inaccessible à toutes les pensées,
réelle, impossiblement réelle, précise, inconnaissablement
    précise,
avec le mystère des choses enfoui sous les pierres et les
    êtres,
avec la mort qui parsème les murs de moisissure et de
    cheveux blancs les humains,
avec le destin qui conduit la guimbarde de tout sur la route
    de rien.

Je suis aujourd'hui vaincu, comme si je connaissais la
    vérité ;

lucide aujourd'hui, comme si j'étais à l'article de la mort,
n'ayant plus d'autre fraternité avec les choses
que celle d'un adieu, cette maison et ce côté de la rue
se muant en une file de wagons, avec un départ au sifflet
    venu du fond de ma tête,
un ébranlement de mes nerfs et un grincement de mes os
    qui démarrent.

Je suis aujourd'hui perplexe, comme qui a réfléchi,
    trouvé, puis oublié.
Je suis aujourd'hui partagé entre la loyauté que je dois
au Bureau de Tabac d'en face, en tant que chose extérieu-
    rement réelle
et la sensation que tout est songe, en tant que chose réelle
    vue du dedans.

J'ai tout raté.
Comme j'étais sans ambition, peut-être ce tout n'était-il
    rien.
Les bons principes qu'on m'a inculqués,
je les ai fuis par la fenêtre de la cour.
Je m'en fus aux champs avec de grands desseins,
mais là je n'ai trouvé qu'herbes et arbres,
et les gens, s'il y en avait, étaient pareils à tout le monde.
Je quitte la fenêtre, je m'assieds sur une chaise. A quoi
    penser ?

Que sais-je de ce que je serai, moi qui ne sais pas ce que je
    suis ?
Être ce que je pense ? Mais je crois être tant et tant !
Et il y en a tant qui se croient la même chose qu'il ne
    saurait y en avoir tant !
Un génie ? En ce moment
cent mille cerveaux se voient en songe génies comme moi-
    même
et l'histoire n'en retiendra, qui sait ? même pas un ;

du fumier, voilà tout ce qui restera de tant de conquêtes
futures.
Non, je ne crois pas en moi.
Dans tous les asiles il est tant de fous possédés par tant de
certitudes !
Moi, qui de certitude n'ai point, suis-je plus assuré, le suis-
je moins ?
Non, même pas de ma personne...
En combien de mansardes et de non-mansardes du monde
n'y a-t-il à cette heure des génies-pour-soi-même rêvant ?
Combien d'aspirations hautes, lucides et nobles —
oui, authentiquement hautes, lucides et nobles —
et, qui sait ? réalisables, peut-être...
qui ne verront jamais la lumière du soleil réel et qui
tomberont dans l'oreille des sourds ?
Le monde est à qui naît pour le conquérir,
et non pour qui rêve, fût-ce à bon droit, qu'il peut le
conquérir.
J'ai rêvé plus que jamais Napoléon ne rêva.
Sur mon sein hypothétique j'ai pressé plus d'humanité que
le Christ,
j'ai fait en secret des philosophies que nul Kant n'a
rédigées,
mais je suis, peut-être à perpétuité, l'individu de la
mansarde,
sans pour autant y avoir mon domicile :
je serai toujours *celui qui n'était pas né pour ça ;*
je serai toujours, sans plus, *celui qui avait des dons ;*
je serai toujours celui qui attendait qu'on lui ouvrît la
porte auprès d'un mur sans porte
et qui chanta la romance de l'Infini dans une basse-cour,
celui qui entendit la voix de Dieu dans un puits obstrué.
Croire en moi ? Pas plus qu'en rien...
Que la Nature déverse sur ma tête ardente
son soleil, sa pluie, le vent qui frôle mes cheveux ;
quant au reste, advienne que pourra, ou rien du tout...

Esclaves cardiaques des étoiles,
nous avons conquis l'univers avant de quitter nos draps,
mais nous nous éveillons et voilà qu'il est opaque,
nous nous éveillons et voici qu'il est étranger,
nous franchissons notre seuil et voici qu'il est la terre
    entière,
plus le système solaire et la Voie lactée et le Vague
    Illimité.

(Mange des chocolats, fillette ;
mange des chocolats !
Dis-toi bien qu'il n'est d'autre métaphysique que les
    chocolats,
dis-toi bien que les religions toutes ensemble n'en appren-
    nent pas plus que la confiserie.
Mange, petite malpropre, mange !
Puissé-je manger des chocolats avec une égale authenti-
    cité !
Mais je pense, moi, et quand je retire le papier d'argent,
    qui d'ailleurs est d'étain,
je flanque tout par terre, comme j'y ai flanqué la vie.)

Du moins subsiste-t-il de l'amertume d'un destin irréalisé
la calligraphie rapide de ces vers,
portique délabré sur l'Impossible,
du moins, les yeux secs, me voué-je à moi-même du mépris,
noble, du moins, par le geste large avec lequel je jette dans
    le mouvant des choses,
sans note de blanchisseuse, le linge sale que je suis
et reste au logis sans chemise.

(Toi qui consoles, qui n'existes pas et par là même
    consoles,
ou déesse grecque, conçue comme une statue douée du
    souffle,
ou patricienne romaine, noble et néfaste infiniment,

ou princesse de troubadours, très-gente et de couleurs ornée,
ou marquise du dix-huitième, lointaine et fort décolletée,
ou cocotte célèbre du temps de nos pères,
ou je ne sais quoi de moderne — non, je ne vois pas très
    bien quoi —
que tout cela, quoi que ce soit, et que tu sois, m'inspire s'il
    se peut !
Mon cœur est un seau qu'on a vidé.
Tels ceux qui invoquent les esprits je m'invoque
moi-même sans rien trouver.
Je viens à la fenêtre et vois la rue avec une absolue netteté.
Je vois les magasins et les trottoirs, et les voitures qui
    passent.
Je vois les êtres vivants et vêtus qui se croisent,
je vois les chiens qui existent eux aussi,
et tout cela me pèse comme une sentence de déportation,
et tout cela est étranger, comme toute chose.)

J'ai vécu, aimé — que dis-je ? j'ai eu la foi,
et aujourd'hui il n'est de mendiant que je n'envie pour le
    seul fait qu'il n'est pas moi.
En chacun je regarde la guenille, les plaies et le mensonge
et je pense : « peut-être n'as-tu jamais vécu ni étudié, ni
    aimé, ni eu la foi »
(parce qu'il est possible d'agencer la réalité de tout cela
    sans en rien exécuter) ;
« peut-être as-tu à peine existé, comme un lézard auquel
    on a coupé la queue,
et la queue séparée du lézard frétille encore frénétique-
    ment ».

J'ai fait de moi ce que je n'aurais su faire,
et ce que de moi je pouvais faire je ne l'ai pas fait.
Le domino que j'ai mis n'était pas le bon.
On me connut vite pour qui je n'étais pas, et je n'ai pas
    démenti et j'ai perdu la face.

Quand j'ai voulu ôter le masque,
je l'avais collé au visage.
Quand je l'ai ôté et me suis vu dans le miroir,
j'avais déjà vieilli.
J'étais ivre, je ne savais plus remettre le masque que je
n'avais pas ôté.
Je jetai le masque et dormis au vestiaire
comme un chien toléré par la direction
parce qu'il est inoffensif —
et je vais écrire cette histoire afin de prouver que je suis
sublime.

Essence musicale de mes vers inutiles,
qui me donnera de te trouver comme chose par moi créée,
sans rester éternellement face au Bureau de Tabac d'en
face,
foulant aux pieds la conscience d'exister,
comme un tapis où s'empêtre un ivrogne,
comme un paillasson que les romanichels ont volé et qui
ne valait pas deux sous.

Mais le patron du Bureau de Tabac est arrivé à la porte, et
à la porte il s'est arrêté.
Je le regarde avec le malaise d'un demi-torticolis
et avec le malaise d'une âme brumeuse à demi.
Il mourra, et je mourrai.
Il laissera son enseigne, et moi des vers.
A un moment donné mourra également l'enseigne, et
mourront également les vers de leur côté.
Après un certain délai mourra la rue où était l'enseigne,
ainsi que la langue dans laquelle les vers furent écrits.
Ensuite mourra la planète tournante où tout cela est arrivé.
En d'autres satellites d'autres systèmes cosmiques, quel-
que chose de semblable à des humains
continuera à faire des espèces de vers et à vivre derrière
des manières d'enseignes,

toujours une chose en face d'une autre,
toujours une chose aussi inutile qu'une autre,
toujours une chose aussi stupide que le réel,
toujours le mystère du fond aussi certain que le sommeil
    du mystère de la surface,
toujours cela ou autre chose, ou bien ni une chose ni
    l'autre.

Mais un homme est entré au Bureau de Tabac (pour
    acheter du tabac ?)
et la réalité plausible s'abat sur moi tout soudain.
Je me soulève à demi, énergique, convaincu, humain,
et je vais méditer d'écrire ces vers où c'est l'inverse que
    j'exprime.

J'allume une cigarette en méditant de les écrire
et je savoure dans la cigarette une libération de toutes les
    pensées.
Je suis la fumée comme un itinéraire autonome,
et je goûte, en un moment sensible et compétent,
la libération en moi de tout le spéculatif
et la conscience de ce que la métaphysique est l'effet d'un
    malaise passager.

Ensuite je me renverse sur ma chaise
et je continue à fumer.
Tant que le destin me l'accordera je continuerai à fumer.

(Si j'épousais la fille de ma blanchisseuse,
peut-être que je serais heureux.)
Là-dessus je me lève. Je vais à la fenêtre.

L'homme est sorti du Bureau de Tabac (n'a-t-il pas mis la
    monnaie dans la poche de son pantalon ?).
Ah, je le connais : c'est Estève, Estève sans métaphy-
    sique.

(Le patron du Bureau de Tabac est arrivé sur le seuil.)
Comme mû par un instinct sublime, Estève s'est retourné
et il m'a vu.
Il m'a salué de la main, je lui ai crié : « *Salut, Estève !* », et
l'univers
s'est reconstruit pour moi sans idéal ni espérance, et le
patron du Bureau de Tabac a souri.

DEMOGORGON

12 avril 1928.

Dans la rue pleine d'un soleil vague il y a des maisons
    arrêtées et des gens qui marchent.
Je suis transi d'une tristesse mêlée d'effroi.
Je pressens un événement de l'autre côté des façades et
    des mouvements.

Non, non, pas ça !
Tout, hormis savoir ce qu'est le Mystère !
Surface de l'Univers, ô Paupières baissées,
ne vous levez plus jamais !
Le regard de la Vérité Finale doit être insupportable !

Laissez-moi vivre sans rien savoir, et mourir sans chercher
    à en savoir plus !
La raison de l'existence de l'être, de l'existence des êtres,
    de l'existence de tout,
doit provoquer une folie plus grande que les espaces
éployés entre les âmes et les étoiles.

Non, non, la vérité, jamais ! Laissez-moi ces maisons et ces
    gens,

tels quels, sans rien de plus, ces maisons et ces gens...

Quel est ce souffle horrible et froid qui touche mes yeux clos ?

Je ne veux pas les ouvrir à la vie ! Ô Vérité, oublie-moi !

AJOURNEMENT

14 avril 1928.

Après-demain, oui, après-demain seulement...
Je passerai la journée de demain à penser à après-demain,
et ainsi ce sera possible ; mais pas aujourd'hui...
Non, aujourd'hui pas moyen ; impossible aujourd'hui.
La persistance confuse de ma subjectivité objective,
le sommeil de ma vie réelle, intercalé,
la lassitude anticipée et infinie,
un monde de lassitude pour prendre un tram...
cette espèce d'âme...
                      Après-demain seulement...
Aujourd'hui je veux me préparer,
je veux me préparer à penser demain au lendemain...
C'est lui qui est décisif.
J'ai déjà mon plan tracé ; mais non, aujourd'hui je ne trace
    pas de plans...
Demain est le jour des plans.
Demain je m'assieds à mon bureau pour conquérir le
    monde ;
mais, le monde, je ne vais le conquérir qu'après-demain...
J'ai envie de pleurer,
j'ai envie de pleurer tout d'un coup, intérieurement...

Ne cherchez pas à en savoir davantage, c'est secret, je me
   tais.
Après-demain seulement...
Lorsque j'étais enfant le cirque du dimanche m'amusait
   toute la semaine.
Aujourd'hui seul m'amuse le cirque dominical de toute la
   semaine de mon enfance...
Après-demain je serai autre.
Ma vie se fera triomphale,
toutes mes qualités de créature intelligente, cultivée,
   pratique, seront convoquées par voie d'arrêté —
mais par un arrêté de demain...
Aujourd'hui je veux dormir, je le rédigerai demain.
Pour aujourd'hui, quel est le spectacle qui répéterait mon
   enfance ?
Même si c'était pour me faire acheter les billets demain,
car c'est après-demain que le spectacle est bon...
et pas avant...
Après-demain j'aurai l'attitude que j'étudierai demain.
Après-demain je serai finalement ce qu'aujourd'hui je ne
   saurais être d'aucune façon.
Après-demain seulement...
J'ai sommeil ainsi qu'a froid un chien errant.
J'ai sommeil infiniment.
Demain je te dirai les paroles, ou après-demain.
Oui, peut-être après-demain seulement...

L'avenir...
Oui, l'avenir...

Au volant de la Chevrolet sur la route de Sintra,
au clair de lune et comme en songe, sur la route déserte,
tout seul je conduis, je conduis presque lentement, et un
  peu
il me semble — ou je me force un peu pour qu'il me
  semble —
que je suis une autre route, un autre songe, un autre
  monde,
que je la suis sans avoir quitté Lisbonne ou sans avoir à
  gagner Sintra,
que je poursuis, mais qu'y aura-t-il à poursuivre, sinon que
  de ne pas s'arrêter, mais aller de l'avant ?

Je vais passer la nuit à Sintra puisque je ne puis la passer à
  Lisbonne,
mais, en arrivant à Sintra, je regretterai de n'être pas resté
  à Lisbonne.
Toujours cette inquiétude immotivée, sans raison, sans
  conséquence,
toujours, toujours, toujours,
cette excessive angoisse de l'esprit pour un rien,
sur la route de Sintra, ou sur la route du songe, ou sur la
  route de la vie...

Docile à mes saccades subconscientes du volant,
bondit sous moi et avec moi l'automobile qu'on m'a
    prêtée.
Je souris du symbole, en y pensant, et en tournant à
    droite.
Que de choses prêtées sur lesquelles je circule en ce
    monde !
Que de choses prêtées je conduis comme miennes !
Tout ce qu'on m'a prêté, pauvre de moi ! c'est là mon être
    même !

À gauche la masure — oui, la masure — au bord du
    chemin,
à droite la rase campagne, avec la lune au loin.
L'automobile, qui tout à l'heure semblait me libérer,
est maintenant une chose où je suis enfermé,
que je ne puis conduire que si j'y suis enfermé,
que je ne domine que si elle est mon contenant et moi son
    contenu.

En arrière, à gauche, la masure modeste, plus que
    modeste,
la vie doit y être heureuse, uniquement parce qu'elle n'est
    pas à moi.
Si quelqu'un m'a vu de la fenêtre de la masure, il doit
    songer : « C'est celui-là qui est heureux. »
Peut-être, pour l'enfant qui observe derrière la vitre de la
    fenêtre de l'étage
suis-je resté (avec l'automobile d'emprunt) comme un
    songe, comme une fée en chair et en os.
Peut-être pour la jeune fille qui a regardé,
en entendant le moteur, par la fenêtre de la cuisine,
sur le parquet du rez-de-chaussée
tiendrais-je du prince qui sommeille en tout cœur de jeune
    fille ?

Et elle va me regarder de biais, par la vitre, jusqu'au
    tournant où je me suis perdu.
Aurai-je laissé des songes derrière moi, ou bien c'est
    l'automobile qui les a laissés ?
Moi, chauffeur de l'automobile d'emprunt, ou bien l'auto-
    mobile d'emprunt que je conduis ?

Sur la route de Sintra, au clair de lune, dans la tristesse,
    devant la campagne et la nuit,
tout en conduisant la Chevrolet d'emprunt à tombeau
    ouvert,
je me perds sur la route future, je me dissipe dans la
    distance que j'atteins,
et, en un désir terrible, subit, violent, inconcevable,
j'accélère...
Mais mon cœur est resté sur le tas de cailloux que j'ai évité
    en le voyant sans le voir,
à la porte de la masure,
mon cœur vide,
mon cœur insatisfait,
mon cœur plus humain que moi, plus réglé que la vie.

Sur la route de Sintra, tout près de minuit, au clair de lune,
    au volant,
sur la route de Sintra,
quelle lassitude de ma propre imagination,
sur la route de Sintra, de plus en plus près de Sintra,
sur la route de Sintra, de moins en moins proche de moi...

RÉTICENCES

15 mai 1929.

Mettre de l'ordre dans la vie, avec des étagères dans la
  volonté et dans l'action,
cela, je veux le faire sur-le-champ, comme toujours je l'ai
  voulu, avec le même résultat ;
mais qu'il est bon d'avoir le clair propos, ferme en sa seule
  clarté, de faire quelque chose !

Je vais faire mes bagages pour le Définitif,
organiser Alvaro de Campos,
et demain rester au même point qu'avant-hier — un avant-
  hier qui est toujours...
Je souris de la connaissance anticipée du rien que je serai.
Du moins je souris ; c'est encore quelque chose de
  sourire...
Produits romantiques que nous tous...
Et si nous n'étions pas des produits romantiques, peut-être
  que nous ne serions rien.
C'est ainsi que se fait la littérature...
Dieux tout-puissants, c'est ainsi que se fait la vie !

Les autres aussi sont romantiques,
les autres aussi ne réalisent rien, et sont riches et pauvres,

les autres aussi passent leur vie à regarder les bagages qu'il
faut faire,
les autres aussi dorment auprès des papiers rédigés à
moitié,
les autres aussi sont moi.
Vendeuse des rues qui lances ton cri comme un hymne
inconscient,
petite roue dentée dans l'horlogerie de l'économie politique,
mère, présente ou future, de ces morts qu'il faut pour
écaler des Empires comme des noix,
ta voix me parvient comme un appel vers nulle part,
comme le silence de la vie...
Je porte les yeux des papiers que je pense à mettre en
ordre à la fenêtre d'où je n'ai pas vu la vendeuse au cri
perdu,
et mon sourire, encore inachevé, comprend une critique
métaphysique.
J'ai cessé de croire en tous les dieux devant un bureau à
mettre en ordre,
j'ai regardé en face tous les destins parce que j'avais
entendu distraitement les bruits de la rue,
et ma fatigue est une vieille barque qui pourrit sur la plage
déserte,
et sur cette image d'un autre poète quelconque je ferme le
bureau et le poème...
Tel un dieu, je n'ai mis de l'ordre ni dans l'un ni dans
l'autre...

4 octobre 1930.

Grands sont les déserts, et tout est désert.
Il faut plus que quelques tonnes de pierres ou de tuiles
    dressées
pour déguiser la terre, cette terre qui est vérité.
Grands sont les déserts, désertes et grandes les âmes,
désertes parce que nul ne les traverse qu'elles-mêmes,
grandes parce que là tout est visible, et tout est mort.

Grands sont les déserts, ô mon âme !
Grands sont les déserts.

Je n'ai pas pris de billet pour la vie,
j'ai raté la porte du sentiment,
il n'y a eu envie ou occasion que je n'aie manquée.
Il me reste aujourd'hui, à la veille du voyage,
la valise ouverte dans l'attente des rangements toujours
    différés,
assis sur la chaise en compagnie des chemises qui ne
    tiennent pas à l'intérieur,
il ne me reste aujourd'hui (à part la gêne d'être assis de la
    sorte)
que de savoir cela :

grands sont les déserts, et tout est désert.
Grande est la vie, et il ne vaut pas la peine que la vie soit.

Ma valise, je la fais mieux avec les yeux qui pensent à la
    faire
qu'en la faisant avec des mains factices (et je crois bien
    m'exprimer).
J'allume ma cigarette pour ajourner le voyage,
pour ajourner tous les voyages,
pour ajourner l'univers entier.

Repasse demain, réalité !
Assez pour aujourd'hui, braves gens !
Ajourne-toi, présent absolu !
Mieux vaut n'être pas que d'être ainsi.

Qu'on achète des chocolats à l'enfant à qui j'ai succédé par
    erreur
et qu'on enlève l'enseigne parce que demain est infini.

Mais il me faut faire ma valise,
il faut absolument que je fasse ma valise,
ma valise.
Je ne puis emporter les chemises dans l'hypothèse et la
    valise dans la raison.
Oui, toute ma vie il m'a fallu faire ma valise.
Mais aussi, toute ma vie, je suis resté assis dans le coin des
    chemises empilées,
à ruminer, tel un bœuf qui n'a pas accompli son destin, qui
    était d'être Apis.

Il me faut faire la valise de l'existence.
Il me faut exister pour faire des valises.
La cendre de la cigarette tombe sur la chemise du haut de
    la pile.
Regardant de côté, je constate que je suis endormi.

Tout ce que je sais, c'est que je dois faire ma valise,
et que les déserts sont grands, et que tout est désert,
et aussi une espèce de parabole là-dessus, mais je ne m'en
    souviens plus.

Voici que tout à coup je me dresse, incarnant tous les
    Césars.
Je vais définitivement faire ma valise.
Bon sang ! il me faut la mettre en ordre et la fermer,
il me faut la voir emporter d'ici,
il me faut exister indépendamment d'elle.

Grands sont les déserts et tout est désert,
sauf erreur, naturellement.
Pauvre âme humaine avec une oasis dans le désert tout
    contre !

Mieux vaut faire la valise.
Fin.

Et la splendeur des cartes, chemin abstrait qui mène à
    l'imagination concrète,
lettres et traits irréguliers qui débouchent sur la merveille.

Ce qui repose de rêve dans les reliures vétustes,
dans les signatures compliquées (ou si simples et déliées)
    des vieux bouquins.
(Encre lointaine et décolorée ici présente par-delà la mort,
ce qui, refusé à la vie de tous les jours, paraît dans les
    illustrations,
ce qu'annoncent involontairement certaines annonces
    illustrées.

Tout ce qui suggère, ou exprime ce qu'il n'exprime pas,
tout ce qui dit ce qu'il ne dit pas,
et l'âme rêve, différente et distraite.

Ô énigme visible du temps, que ce rien vivant où nous
    sommes provisoirement !)

MAGNIFICAT

7 novembre 1933.

Quand donc passera cette nuit interne, l'univers,
et moi, mon âme, aurai-je mon jour ?
Quand vais-je m'éveiller de mon état de veille ?
Je ne sais. Le soleil brille haut,
impossible à regarder en face.
Les étoiles clignotent froid,
impossibles à compter.
Le cœur bat aliéné,
impossible à écouter.
Quand passera ce drame sans théâtre,
ou ce théâtre sans drame,
et quand rentrerai-je au logis ?
Où ? Comment ? Et quand ?
Chat qui me fixes avec des yeux de vie, que caches-tu au
    fond ?
C'est lui ! C'est lui !
Lui qui tel Josué arrêtera le soleil et moi je m'éveillerai ;
et alors il fera jour.
Souris, en dormant, mon âme !
Souris, mon âme, il fera jour !

DACTYLOGRAPHIE

19 décembre 1933.

Tout seul, dans mon bureau d'ingénieur, je trace le plan,
je signe le devis, en ce lieu isolé,
éloigné de tout — et de moi-même.

Auprès de moi, accompagnement banalement sinistre,
Le tic-tac crépitant des machines à écrire.
Quelle nausée de la vie !
Quelle abjection, cette régularité...
Quel sommeil, cette façon d'être...

Jadis, quand j'étais autre, il y avait des châteaux et des
    cavaliers
(images, peut-être, de quelque livre d'enfance),
jadis, alors que j'étais conforme à mon rêve,
il y avait de grands paysages du Nord, éblouissants de
    neige,
il y avait de grands palmiers du Sud, opulents de verts.

Jadis.

À mes côtés, accompagnement banalement sinistre,
le tic-tac crépitant des machines à écrire.

Nous avons tous deux vies :
la vraie, celle que nous avons rêvée dans notre enfance,
et que nous continuons à rêver, adultes, sur un fond de
brouillard ;
la fausse, celle que nous vivons dans nos rapports avec les
autres,
qui est la pratique, l'utile,
celle où l'on finit par nous mettre au cercueil.

Dans l'autre il n'y a ni cercueils ni morts,
il n'y a que des images de l'enfance :
de grands livres coloriés, à regarder plutôt qu'à lire ;
de grandes pages de couleurs pour se souvenir plus tard.
Dans l'autre nous sommes nous-mêmes,
dans l'autre nous vivons ;
dans celle-ci nous mourrons, puisque tel est le sens du mot
vivre ;
en ce moment, par la nausée, c'est dans l'autre que je vis...

Mais à mes côtés, accompagnement banalement sinistre,
élève la voix le tic-tac crépitant des machines à écrire.

Dans la maison qui fait face à moi et à mes rêves,
quel bonheur règne toujours !

Là habitent des gens que je ne connais pas, que j'ai vus
    sans les voir.
Ils sont heureux, parce qu'ils ne sont pas moi.

Les enfants, qui jouent sur les hauts balcons,
vivent parmi des vases de fleurs,
sans doute, éternellement.

Les voix, qui montent de l'intérieur des communs,
chantent toujours, sans nul doute,
oui, elles doivent chanter.

Quand il y a fête ici dehors, il y a fête là-dedans.
Ainsi doit-il en être là où tout s'ajuste —
l'homme à la Nature, parce que la ville est Nature.

Quel grand bonheur de n'être pas moi !

Mais les autres n'auraient-ils pas le même sentiment ?
Quels autres ? Les autres n'existent pas.
Ce que les autres sentent est une maison à la fenêtre close,
ou bien, lorsqu'elle s'ouvre,
c'est pour permettre aux enfants de jouer sur la véranda
    grillagée,
entre des vases de fleurs dont je n'ai jamais rien vu.
Jamais les autres ne sentent.

Ceux qui sentent, c'est nous,
oui, nous tous,
jusqu'à moi, qui en ce moment ne sens déjà plus rien.

Rien ? Je ne sais...
Un rien qui fait mal...

À la veille de ne jamais partir
du moins n'est-il besoin de faire sa valise
ou de jeter des plans sur le papier,
avec tout le cortège involontaire des oublis
pour le départ encore disponible du lendemain.
Le seul travail, c'est de ne rien faire
à la veille de ne jamais partir.
Quel grand repos de n'avoir même pas de quoi avoir à se
    reposer !
Grande tranquillité, pour qui ne sait même pas hausser les
    épaules
devant tout cela, d'avoir pensé le tout
et d'avoir de propos délibéré atteint le rien.
Grande joie de n'avoir pas besoin d'être joyeux,
ainsi qu'une occasion retournée à l'envers.
Que de fois il m'advient de vivre
de la vie végétative de la pensée !
Tous les jours, *sine linea,*
repos, oui, repos...
Grande tranquillité...
Quelle paix, après tant de voyages, physiques et psychi-
    ques !

Quel plaisir de regarder les bagages comme si l'on fixait
   le néant !
Sommeille, âme, sommeille !
Profite, sommeille !
Sommeille !
Il est court, le temps qui te reste ! Sommeille !
C'est la veille de ne jamais partir !

20 décembre 1934.

Il n'y avait pas d'électricité.
Aussi fut-ce à la lueur pâle d'une bougie
Que je lus, inséré dans mon lit,
ce qu'il y avait à lire à portée de la main :
la Bible, en portugais (curieux !) à l'intention des protes-
    tants.
Et je relus la première Épître aux Corinthiens.
Autour de moi le calme excessif de la nuit provinciale
faisait un vacarme à rebours.
Cela me rendait jusqu'aux larmes enclin à la désolation.
La première Épître aux Corinthiens...
Je la relisais, à la clarté d'une bougie subitement très
    ancienne
et une grande mer d'émotion se faisait entendre au-dedans
    de moi.
Je ne suis rien...
Je suis une fiction...
Qu'attendre de moi ou du reste en ce monde ?
« Si je n'avais la charité... »

Et la lumière souveraine adresse, du haut des siècles,
le grand message libérateur de l'âme...
« Si je n'avais la charité... »
Et dire, mon Dieu, que je n'ai pas la charité !...

Je ne pense à rien,
et cette chose centrale, qui n'est rien,
m'est agréable comme l'air de la nuit,
frais en contraste avec le jour caniculaire.

Je ne pense à rien, et que c'est bon !

Ne penser à rien,
c'est avoir une âme à soi et intégrale.
Ne penser à rien,
c'est vivre intimement
le flux et le reflux de la vie...
Je ne pense à rien.
C'est comme si je m'étais appuyé
dans une fausse posture.
Un mal aux reins, ou d'un côté des reins,
mon âme a la bouche amère :
c'est que, tout bien compté,
je ne pense à rien,
mais vraiment à rien,
à rien...

Je veux finir parmi les roses, parce que je les ai aimées
   dans mon enfance.
Les chrysanthèmes venus par la suite, je les ai effeuillés à
   froid.
Parlez peu, tout doucement.
Que je n'entende pas, surtout avec la pensée.
Ce que j'ai voulu ? J'ai les mains vides,
douloureusement crispées sur la courtepointe éloignée.
Qu'ai-je pensé ? J'ai la bouche sèche, abstraite.
Qu'ai-je vécu ? Il serait si bon de dormir !

Ce froid si spécial des matins de voyage,
l'angoisse du départ, cette chair de poule,
qui part du cœur pour atteindre la peau,
qui pleure virtuellement malgré la joie.

À la fin de tout, dormir.
À la fin de quoi ?
À la fin de tout ce qui paraît être...
Ce petit univers provincial parmi les astres,
ce pauvre hameau de l'espace,
et non seulement de l'espace visible, mais de l'espace
total.

Le binôme de Newton est aussi beau que la Vénus de
   Milo.
Le fait est qu'il y a bien peu de gens pour s'en aviser.

Ôôôô-ôôôôôô ôôô...*ôôôôôô ôôôôôôôô

(le vent là dehors)

J'aimerais aimer aimer.
Un moment... donne-moi donc une cigarette,
du paquet qui se trouve sur la table de chevet.
Continue... Tu disais
que dans le développement de la métaphysique
de Kant à Hegel
quelque chose s'est perdu.
Je suis absolument d'accord.
J'entendais bel et bien.
Nondum amabam et amare amabam (saint Augustin)
Quelle chose curieuse que ces associations d'idées!
Je suis las de penser à sentir autre chose.
Merci. Donne-moi du feu. Continue. Hegel...

Ah, devant cette unique réalité qu'est le mystère,
devant cette terrible et unique réalité — qu'il y ait une
   réalité,
devant cette évidence horrible que l'être soit,
devant cet abîme qu'il existe un abîme,
cet abîme que l'existence de tout soit un abîme,
soit un abîme pour le seul fait d'être,
de pouvoir être,
d'être au monde !
— Devant tout cela comme tout ce que font les hommes,
tout ce qu'ils disent,
tout ce qu'ils construisent et défont, ou ce qui à travers eux
   se construit ou se défait,
se rapetisse !
Se rapetisse ? non — cela se transforme en autre chose —
en une seule chose effroyable et noire et impossible,
une chose située au-delà des dieux, de Dieu et du Destin,
ce qui fait qu'il y a des dieux, et Dieu, et le Destin,
ce qui fait que l'être soit pour qu'il puisse y avoir des êtres,
ce qui subsiste à travers toutes les formes
de toutes les vies, abstraites ou concrètes,
éternelles ou contingentes,
vraies ou fausses !

cette chose qui, une fois tout embrassé, est encore restée
    en dehors,
parce que, une fois tout embrassé, nul n'a pu embrasser la
    raison pour laquelle elle est un tout,
parce qu'il y a là quelque chose, quelque chose, quelque
    chose !

Mon intelligence s'est muée en un cœur plein d'épouvante,
c'est avec mes idées que je tremble, avec ma conscience de
    moi,
avec la substance essentielle de mon être abstrait,
au point que j'étouffe d'incompréhensible
et que sous l'ultratranscendance je suis écrasé,
et à cette peur, à cette angoisse, à ce péril d'ultra-exister,
on ne peut échapper, on ne peut pas, on ne peut pas !

Prison de l'Être, ne peut-on se libérer de toi ?
Prison de la pensée, ne peut-on se libérer de toi ?

Non, il n'est de délivrance — ni dans la mort, ni dans la
    vie, ni en Dieu !
Nous, frères jumeaux du Destin puisque nous existons
    ensemble,
nous, frères jumeaux de tous les dieux de toute espèce
puisque nous sommes le même abîme et la même ombre,
ombre soyons, ou bien lumière, toujours la même nuit.
Ah, si j'affronte avec confiance la vie, l'incertitude du
    sort,
avec le sourire et dans la non-pensée, la quotidienne
    possibilité de tous les maux,
avec inconscience, le mystère de toutes les choses et de
    tous les gestes,
pourquoi n'affronterai-je pas souriant, et avec incons-
    cience, la Mort ?
Je l'ignore, elle ? mais y a-t-il une chose que je n'ignore ?

La plume que je saisis, l'écriture que je trace, le papier où
  j'écris,
sont-ils des mystères moindres que la Mort ? comme si tout
  était le même mystère ?
Et moi j'écris, je suis en train d'écrire, par une nécessité
  toute nue.
Ah, que j'affronte comme une bête cette mort dont elle
  ignore l'existence !
J'ai, moi, l'inconscience profonde de toutes les choses
  naturelles,
car, d'autant plus que j'aie de conscience, tout est
  inconscience,
sauf l'acte d'avoir tout créé, et l'acte d'avoir tout créé est
  encore inconscience,
parce qu'il faut, pour que tout se crée, exister,
et exister, c'est être inconscient, car exister, c'est la
  possibilité que l'être soit,
et la possibilité que l'être soit passe en grandeur tous les
  Dieux.

Je me suis adossé à la chaise de pont et j'ai fermé les
    yeux,
dans mon âme est apparu mon destin ainsi qu'un préci-
    pice.
Ma vie passée s'est mêlée à ma vie future,
avec dans l'entre-deux un brouhaha de fumoir
où s'achevait, perceptible à mon ouïe, la partie d'échecs.

Ah, balancé
dans la sensation des vagues,
ah, bercé
par la pensée si confortable qu'aujourd'hui n'est pas
    encore demain,
que je n'ai du moins en ce moment aucune responsabilité,
pas de personnalité proprement dite, mais que je me sens
    là,
sur la chaise comme un livre abandonné par la Suédoise.

Ah, plongé
dans une torpeur de l'imagination, sans doute proche du
    sommeil,
inquiet si paisiblement,
si analogue tout à coup à l'enfant que je fus jadis

quand je jouais dans la propriété de campagne et que je ne
    savais pas l'algèbre,
ni les autres algèbres avec des x et des y de sentiment.

Ah, j'aspire tout entier,
à ce moment sans importance aucune
dans ma vie,
ah, j'aspire tout entier à ce moment, comme à d'autres
    analogues,
à ces moments où je n'avais aucune importance,
ces moments où j'ai compris tout le vide de l'existence sans
    avoir l'intelligence pour le comprendre
et il y avait le clair de lune et la mer et la solitude, ô
    Alvaro !

Le tumulte concentré de mon imagination intellectuelle...

Engrosser la raison pratique, à l'instar des croyants
vigoureux...

Ma jeunesse perpétuelle
qui consiste à vivre les choses du côté des sensations et non
des responsabilités.

(Alvaro de Campos, né en Algarve, élevé par un oncle
maternel, ecclésiastique, qui lui a inculqué un certain
amour des choses classiques.) (Il est venu tout jeune à
Lisbonne.)

La capacité de penser ce que j'éprouve, par quoi je me
distingue de l'homme vulgaire
plus que celui-ci ne se distingue du singe.
(Oui, peut-être demain l'homme vulgaire me lira-t-il et
comprendra-t-il la substance de mon être,
oui, je l'admets,
mais le singe dès aujourd'hui sait lire l'homme vulgaire et
il comprend la substance de son être.)

Si une chose a été, pourquoi n'est-elle plus ?
Être, n'est-ce donc pas être ?

Les fleurs des champs de mon enfance, ne les aurai-je
donc pas éternellement,
dans une autre façon d'être ?
Vais-je perdre à jamais les affections que j'eus, et jusqu'aux affections que j'ai cru avoir ?
Est-il quelqu'un qui détienne la clé de la porte de l'être —
lequel n'a pas de porte,
et qui puisse m'ouvrir avec des arguments l'intelligence du
monde ?

Et pourtant, et pourtant,
il y eut aussi des glaives et des flammes de couleur
dans ce Printemps que je fus en songe.
Et l'espérance aussi
a baigné de rosée le champ de ma vision involontaire,
il y eut aussi des gens pour me sourire.
Me voici aujourd'hui comme si j'avais été autre.
De celui que je fus il ne me souvient que comme d'un
    corollaire.
Qui je dois être, peu m'en chaut, comme de l'avenir du
    monde.

J'ai dégringolé tout à coup l'escalier
et le bruit même que j'ai fait en tombant était l'éclat de
    rire de la chute.
Chaque marche était le témoin importun et cruel
du ridicule dont j'ai donné le spectacle.

Malheureux celui qui a perdu la place qui lui était offerte
    parce qu'il n'avait pas d'habit correct pour se montrer,
mais malheureux aussi celui qui, riche et noble,
a perdu la place de l'amour parce que le tissu de son habit
    était de qualité médiocre dans le désir.
Je suis impartial comme la neige.

Je n'ai jamais préféré le pauvre au riche,
tout comme, en moi, je n'ai jamais préféré rien à rien.

J'ai toujours vu le monde indépendamment de moi.
Derrière cet écran étaient mes sensations suraiguës,
mais c'était là un autre monde.
Et pourtant ma tristesse ne m'a jamais fait voir noir ce qui
    était orangé.
Au-dessus de tout le monde extérieur !
Il suffit que je m'endure, moi, et toutes les pulvérisations
    de moi.

Ah, là où je suis, là où je passe, et là où je ne suis ni ne
     passe,
la dévorante banalité des visages de tous les gens !
Oh, l'angoisse insupportable des gens !
La lassitude immuable de voir et d'entendre !

(Murmure jadis de ruisseaux personnels, d'arbres qui
     étaient miens.)

Je voudrais vomir ce que j'ai vu, du fait de la seule nausée
     de l'avoir vu,
estomac de l'âme soulevé à la pensée que je suis...

Quels beaux yeux d'azur innocent que ceux du garçonnet
de l'usurier !

Bonté divine, quelle bifurcation que cette vie !

J'ai toujours eu, heureusement ou non, la sensibilité
humanisée,
et toute mort m'a toujours meurtri personnellement.
Oui, non seulement parce qu'il y a du mystère dans
l'inexpressivité de l'organique,
mais de manière directe, par un mouvement du cœur.

Comme le soleil dore les maisons des réprouvés !
Pourrai-je les haïr sans me dissoudre dans le soleil ?

Finalement, quelle pensée au milieu des sentiments dis-
traits,
à cause des yeux enfantins d'un enfant...

Il m'a croisé, il m'a rejoint, dans une rue de la ville basse,
ce gueux, mendiant de profession et qui le porte écrit sur
la figure,
qui sympathise avec moi comme je sympathise avec lui ;
et moi de mon côté, d'un geste large et débordant, je lui
donnai tout ce que j'avais
(hormis, ça va de soi, ce qui se trouvait dans la poche où je
porte le plus d'argent :
je ne suis ni un benêt ni un romancier russe très appliqué,
et le romantisme, bien sûr, mais doucement...).

J'éprouve de la sympathie pour toute cette engeance
surtout quand elle ne mérite aucune sympathie.
Oui, je suis, moi aussi, clochard et mendiant,
et je le suis également par ma faute.
Être clochard et mendiant n'est pas être clochard et
mendiant à la lettre :
c'est être en dehors de l'échelle sociale
et rester inadaptable aux normes de la vie,
aux normes réelles ou sentimentales de la vie —
n'être pas Juge à la Cour de Cassation, employé titulaire,
prostituée,
n'être pas pauvre pour de bon, ouvrier exploité,

n'être pas malade d'un mal incurable,
n'être pas assoiffé de justice, ou capitaine de cavalerie,
n'être pas, enfin, ces personnalités sociales des romanciers
qui se gavent de lettres parce qu'ils ont sujet de verser des
   larmes
et qui se révoltent contre la vie sociale parce qu'ils se
   croient des raisons de se rebeller.

Non : tout sauf avoir raison !
Tout sauf m'inquiéter de l'humanité !
Tout sauf céder à l'humanitarisme !
A quoi bon une sensation si elle a une raison extérieure ?

Oui, être clochard et mendiant, à ma manière,
ce n'est pas être clochard et mendiant de la façon
   commune :
c'est être isolé dans l'âme, c'est cela qui est être clochard,
et mendier cette aumône, que les jours passent, et nous
   laissent, voilà qui est être mendiant.

Tout le reste est aussi stupide qu'un Dostoïevski ou qu'un
   Gorki.
Tout le reste, c'est avoir faim ou n'avoir rien à se mettre.
Et même si cela advient, cela advient à tant de monde
qu'il ne vaut pas la peine de s'apitoyer sur les gens à qui
   cela advient.

Je suis clochard et mendiant pour de bon, c'est-à-dire au
   figuré,
et je me trémousse d'une grande charité pour moi.

Pauvre Alvaro de Campos !
Tellement isolé dans la vie ! Si déprimé dans ses sensations !
Pauvre de lui, bien engoncé dans le fauteuil de sa
   mélancolie !

Pauvre de lui, qui, avec des larmes (authentiques) dans les
   yeux,
a donné aujourd'hui, avec un geste large, libéral et
   moscovite,
tout ce qu'il avait, dans la poche où il n'avait pas grand-
   chose,
à ce pauvre qui n'était pas pauvre, et qui avait les yeux
   tristes professionnellement.

Pauvre Alvaro de Campos, de qui nul ne se soucie !
Pauvre de lui qui s'apitoie tellement sur lui-même !

Eh oui, pauvre de lui !
Plus à plaindre que beaucoup qui sont clochards et
   vagabonds,
qui sont mendiants et qui mendient,
parce que l'âme humaine est un abîme.

C'est moi qui sais. Pauvre de lui !

Qu'il est bon de pouvoir se révolter dans le mascaret de
   mon âme !
Et dire que je ne suis même pas stupide !
Je n'ai même pas pour alibi la faculté d'avoir des opinions
   sociales.
Je n'ai, en fait, aucun alibi : je suis lucide.

Qu'on ne cherche pas à modifier ma conviction : je suis
   lucide.

Je l'ai dit : je suis lucide.
Foin de l'esthétique avec ces histoires de cœur : je suis
   lucide.
Merde ! je suis lucide.

Le paisible visage anonyme d'un mort.

C'est ainsi que les marins portugais du temps passé,
qui redoutaient, tout en suivant leur route, l'océan de la
    Fin,
virent enfin, ni monstres ni grands abîmes,
mais des plages merveilleuses et des étoiles irrévélées.

Que peuvent bien cacher les volets du monde dans les
    éventaires de Dieu ?

Déployant devant la foule imaginaire des cieux étoilés
la splendeur du parfait non-sens de la vie...

Qu'on attaque en grande pompe ma propre marche
    funèbre !
Je veux cesser sans conséquences...
Je veux aller à la mort comme à une fête au crépuscule.

MARINETTI, ACADÉMICIEN

C'est là qu'ils aboutissent tous, qu'ils aboutissent tous...
C'est là, si je ne m'aveugle, que j'aboutirai aussi...
S'il est vrai, en définitive, qu'ils naissent tous pour ça...

Je n'ai d'autre remède que de mourir auparavant,
d'autre remède que d'escalader le Grand Mur...
Si je reste ici, on va m'arrêter comme être social...

C'est là qu'ils aboutissent, parce qu'ils sont nés pour Ça,
et l'on n'aboutit qu'à ce à quoi l'on est prédestiné...

C'est à cela qu'ils aboutissent tous...
Marinetti, académicien...

Les Muses se sont vengées à coups de projecteurs, mon
    vieux,
elles ont fini par te jucher sur la rampe de la vieille fosse,
et ta dynamique, toujours un peu italienne, f-f-f-f-f-f-f...

ODE MARTIALE

Innombrable fleuve sans eau — rien que des êtres et des
 choses,
sans eau à donner le frisson !

A mon oreille retentissent des tambours lointains
et je ne sais si je vois le fleuve et si j'entends les tambours,
comme si je ne pouvais entendre et voir en même temps !

Holaho ! Holaho !

La machine à coudre de la pauvre veuve tuée à coups de
 baïonnette...
Elle cousait le soir interminablement...
La table où jouaient les vieux parents,

tout mélangé, tout brassé avec des corps, avec des sangs
 divers,
en un seul flot, un seul courant, une seule épouvante.

Holaho ! Holaho !

J'ai déterré le jouet d'enfant, un petit train mécanique
 qu'on avait piétiné au milieu du chemin,
et j'ai pleuré, comme toutes les mères du monde sur
 l'horreur de la vie.

De mes pieds panthéistes j'ai cogné la machine à coudre
de la veuve qu'on a tuée à coups de baïonnette
et ce pauvre instrument de paix m'a percé le cœur d'une
lance.

Oui, c'est moi qui fus coupable de tout, c'est moi qui fus à
moi seul tous les soldats,
moi qui ai tué, violé, brûlé, fracassé,
c'est moi avec ma honte et mon remords à l'ombre
difforme.
Ils arpentent le monde entier ainsi qu'Ashavérus,
mais derrière mes pas résonnent des pas de la dimension
de l'infini.

Une terreur physique de trouver Dieu me fait tout à coup
fermer les yeux.

Christ absurde de l'expiation de tous les crimes et de
toutes les violences,
ma croix est au-dedans de moi, farouche, brûlante,
homicide
et tout meurtrit mon âme vaste comme un Univers.

J'ai arraché le pauvre jouet des mains de l'enfant et je l'ai
cogné.
Ses yeux effrayés — les yeux du fils que j'aurai peut-être et
qu'on tuera aussi —
M'ont imploré aveuglément comme toute la pitié du genre
humain.

De la chambre de la vieille j'ai arraché le portrait du fils et
je l'ai lacéré ;
elle, pétrifiée de peur, sans rien faire a pleuré...
J'ai senti tout à coup qu'elle était ma mère et le souffle de
Dieu m'a parcouru l'échine.

J'ai mis en pièces la machine à coudre de la veuve pauvre.
Elle pleurait dans un coin sans penser à la machine à
coudre.
Se peut-il qu'il y ait un autre monde où je doive avoir une
fille vouée au veuvage et aux mêmes calamités ?

J'ai, capitaine, fait fusiller les campagnards épouvantés,
j'ai laissé violer la fille de tous les pères ligotés à des troncs
d'arbre,
et maintenant je vois que c'est à l'intime de mon cœur que
tout cela s'est passé,
et tout brûle et suffoque et je ne puis bouger sans que tout
recommence identiquement.
Dieu, aie pitié de moi qui n'ai eu pitié de personne !

TRIPES À LA MODE DE CAEN

Un jour, dans un restaurant, hors de l'espace et du temps,
on me servit l'amour sous forme de tripes froides.
Délicatement je dis au missionnaire de la cuisine
que je les préférais chaudes,
car les tripes (et elles étaient à la mode de Caen) ne se
  mangent jamais froides.

Ces gens s'impatientèrent contre moi.
Il n'y a pas moyen d'avoir le dernier mot, fût-ce au
  restaurant.
Je ne mangeai pas, je ne demandai pas autre chose, je
  réglai l'addition,
et je m'en fus arpenter la rue de long en large.

Qui sait ce que cela veut dire ?
Je ne sais, et c'est à moi que c'est arrivé.

(Je sais bien que dans l'enfance de tout le monde il y eut
  un jardin,
particulier ou public, ou du voisin,
je sais bien que nos jeux en étaient le maître véritable,
et que la tristesse est d'aujourd'hui.)

Cela, je le sais surabondamment.

Mais, si j'ai demandé l'amour, pourquoi m'a-t-on apporté
des tripes à la mode de Caen froides?

Ce n'est pas un plat qu'on puisse manger froid,
mais on me l'avait apporté froid.

Je ne me suis pas plaint, mais il était froid.

Impossible de le manger froid, mais c'est froid qu'il était
venu.

POÈME EN LIGNE DROITE

Je n'ai jamais connu personne qui se soit fait rosser.
Tous ceux que je connais ont été champions en toute
   chose.

Et moi, si souvent bas, si souvent porc, si souvent vil,
moi, tant de fois si inexorablement parasite,
inexcusablement sale,
moi, qui tant de fois n'ai pas eu la patience de prendre un
   bain,
moi, qui tant de fois ai été ridicule, absurde,
qui me suis tant de fois entortillé les pieds dans les tapis de
   l'étiquette ;
qui ai été grotesque, mesquin, soumis et arrogant,
qui ai subi des affronts et me suis tu,
qui, lorsque je ne me suis pas tu, ai été encore plus
   ridicule ;
moi, dont les bonnes d'hôtel se sont gaussées ;
moi, qui ai senti les clignements d'yeux des portefaix,
moi, qui me suis adonné à de basses manœuvres finan-
   cières, qui ai emprunté sans rembourser,
moi qui, venue l'heure du coup de poing, ai esquivé
toute possibilité de coup de poing ;
moi, qui ai souffert l'angoisse des petites choses ridicules,
je constate qu'en tout cela je n'ai pas de pair en ce monde.

Tous les gens que je connais et qui m'adressent la parole
n'ont jamais commis un acte ridicule, n'ont jamais subi
  d'affront,
n'ont été que des princes — princes tous et chacun — dans
  la vie...

Que ne puis-je entendre de quelqu'un la voix humaine
confesser, non un péché, mais une infamie ;
conter, non une violence, mais une lâcheté !
Non, ils sont tous l'Idéal, à les entendre me parler.
Qui y a-t-il en ce vaste monde qui m'avoue avoir été vil
  une fois ?

Ô princes, mes frères,
j'en ai par-dessus la tête de demi-dieux !
Où donc y a-t-il des gens moyens en ce monde ?

Je suis donc seul à être vil et dans l'erreur sur cette terre ?

Les femmes auront pu ne pas les aimer,
ils auront pu être trahis — mais ridicules, jamais !
Et moi, qui ai été ridicule sans avoir été trahi,
comment saurais-je parler à mes supérieurs sans bégayer ?
Moi qui ai été vil, littéralement vil,
vil au sens mesquin et infâme de la vilenie.

BIBLIOGRAPHIE

OUVRAGES DE FERNANDO PESSOA
PUBLIÉS EN FRANÇAIS

Bureau de Tabac : traduit par Adolfo Casais Monteiro et Pierre Hourcade, suivi du texte portugais. Préface par Adolfo Monteiro. Illustré par Fernando de Azevedo. Éd. Inquérito, Lisbonne, **1952.**

Bureau de Tabac et autres poèmes : préface et traduction d'Armand Guibert, florilège des quatre signatures, coll. « Planètes », éd. Caractères, Paris, s.d. (1955).

Bureau de Tabac : traduit par Rémy Hourcade — bilingue, éd. Unes, Le Muy (Var), 1985.

Ode maritime : traduction et préface (« Fernando Pessoa et l'homme quadruple ») par Armand Guibert, coll. « Autour du monde », éd. Pierre Seghers, Paris, **1955.** Réédition en 1961, corrections de détail.

Ode maritime : traduction et préface par Armand Guibert de 1961, avec illustrations de Vieira da Silva, éd. Fata Morgana, Fontfroide (Hérault), 1980. Nouvelle édition en 1984, qui comprend, à la suite de la première, une deuxième préface d'Armand Guibert : « La *Maritime* n'a pas vieilli. »

Fernando Pessoa : n° 73 de la coll. « Poètes d'aujourd'hui », éd. Pierre Seghers, Paris, **1960,** 224 p. Traduction de l'anglais et du portugais, présentation, choix de textes et d'illustrations par Armand Guibert. Nouvelle édition en 1975 : corrections, deux poèmes de Ricardo Reis supprimés, section Alberto Caeiro ajoutée.

Ode triomphale et autres poèmes d'Alvaro de Campos : traduction et préface (« Fernando Pessoa et Alvaro de Campos ») par

Armand Guibert, éd. Pierre-Jean Oswald, Paris, **1960,** malfaçons typographiques.

L'Ode triomphale et douze poèmes de la fin d'Alvaro de Campos : traduction par Rémy Hourcade et Emmanuel Hocquard, éd. Royaumont, 1986.

Le Gardeur de troupeaux et les autres poèmes d'Alberto Caeiro : note d'introduction et textes traduits par Armand Guibert : *Le Gardeur de troupeaux; Le Pasteur amoureux; Poèmes désassemblés ; Poèmes retrouvés ;* proses de Ricardo Reis, Alvaro de Campos et Fernando Pessoa. Éd. Gallimard, Paris, **1960.** (La première édition portugaise du recueil parut en 1946 à Lisbonne aux éd. Atica.)

Le Gardeur de troupeaux : traduit par Rémy Hourcade et Jean-Louis Giovannoni, éd. Unes, Le Muy (Var), 1986 (cette édition reprend les 49 poèmes qui figurent sous ce titre dans les éditions Atica et Aguilar, en laissant de côté tout le reste de l'œuvre de Caeiro).

Poésies d'Alvaro de Campos : préface (« Encore Pessoa-Campos ») et traduction par Armand Guibert, édition bilingue dans la collection « Poésie du monde entier » (qui ne comportait pas « Au volant de la Chevrolet... »), éd. Gallimard, Paris, **1968** (choix des textes dans « Fernando Pessoa : *Obra poética* », éd. José Aguilar, Rio de Janeiro, 1965. La première édition portugaise du recueil parut en 1944 à Lisbonne aux éd. Atica).

Le Retour des dieux : manifestes du modernisme portugais, présentés et traduits par José Augusto Seabra, éd. Champ libre-Lebovici, Paris, **1973,** 165 p. Pot-pourri de textes de prose tirés de divers ouvrages de Fernando Pessoa ; titre du volume emprunté à une œuvre d'Antonio Mora, hétéronyme spécialisé dans l'apostolat du paganisme pessoen ; autres documents consacrés à *Orpheu,* à *Ultimatum,* aux diverses « écoles » pessoennes, à Almada-Negreiros, à Mario de Sá-Carneiro, etc.

Fernando Pessoa et le drame symboliste — héritage et création : par Maria Teresa Lopes ; préface de René Etiemble. Thèse de doctorat d'État (Sorbonne, 1975) dont l'auteur, hantée par la vertu dramatique de l'œuvre de Pessoa, fait partir son enquête de l'étude du théâtre symboliste tel que le connaissait le poète, puis dissèque l'insolite comportement des hétéronymes. Riche connaissance de textes inédits (citations bilingues, fac-similés de correspondances inédites et bibliographie couvrant les périodes étudiées). Éd. : Fondation Calouste Gulbenkian, Centre Culturel portugais, Paris, **1977,** 586 p. Une deuxième édition de cet ouvrage a paru en 1985, illustration de couverture de Julio Tomar.

Visage avec masques : traduit et présenté par Armand Guibert.

Poèmes signés Fernando Pessoa (*Message* et lyriques), Alvaro de Campos, un inédit d'Alberto Caeiro, Ricardo Reis, et le seul poème *(Vers l'au-delà d'un autre océan)* d'un hétéronyme, C. Pacheco, jusqu'alors inédit en français. Suivent un dossier Fernando Pessoa — témoignages et bibliographie ; un dossier Armand Guibert : entretien Pierre Rivas-Armand Guibert, notice biographique, témoignages, bibliographie. Éd. Alfred Eibel, Lausanne et Paris, **1979,** 228 p.

Antinoüs : traduit de l'anglais — bilingue — par Armand Guibert, avec préface : « Fernando Pessoa, poète de langue anglaise. » Frontispice de Luis Caballero. Éd. Fata Morgana, Fontfroide (Hérault), **1979.**

Fernando Pessoa poète pluriel : volume du cinquantenaire de la mort de Fernando Pessoa, réalisé sous la direction de Philippe Arbaizar ; nombreuses études et illustrations, anthologie critique, anthologies poétiques par Pierre Hourcade et Armand Guibert, bibliographie sélective par José Blanco. Éditeurs : B.P.I.-Centre Georges-Pompidou-La Différence, Paris, **1985,** 360 p.

Fernando Pessoa : le théâtre de l'être : textes rassemblés, traduits et mis en situation par Maria Teresa Rita Lopes. Celle-ci, fidèle à sa conception de la dramaturgie, a emprunté à la plupart des hétéronymes, à des fantômes, à des mythes, des paroles qui appartiennent à l'œuvre pessoenne. Entre eux ils dialoguent et parfois se contredisent. Ainsi naît, à gauche en portugais, à droite en français, un Pessoa auto-organisé en qui s'expriment tous les possibles. Un cahier de photographies donne un corps à ce rêve où tout est flottant et dramatique à la fois. Éd. de La Différence, Paris, **1985,** 512 p.

Le Banquier anarchiste : fiction, par Fernando Pessoa — traduction de Joaquim Vital, éd. de La Différence, Paris, **1985,** 96 p.

Pessoa en personne. Lettres et documents : lettres à divers correspondants et pages inédites d'un journal intime, documents rassemblés par José Blanco et traduits par Simone Biberfeld. Éd. de la Différence, Paris, **1986,** 324 p.

Cent cinquante-quatre quatrains au goût populaire : traduction et préface par Henri Deluy, éd. Unes, Le Muy (Var), **1986.**

Opium à bord : traduit et préfacé (« L'opium et le pirate ») par Armand Guibert. Bilingue. Éd. Unes, Le Muy (Var), **1987.**

En préparation aux éd. Christian Bourgois, à Paris, pour paraître à partir de 1987, une édition des œuvres essentielles de Fernando Pessoa et de ses hétéronymes majeurs, Bernardo Soares compris. Travail collectif, comportant pour chacun des sept volumes prévus une préface par un spécialiste et une traduction confiée à une équipe de plusieurs membres. Direction littéraire de l'entreprise assumée par Robert Bréchon, ancien directeur de l'Institut Français au Portugal, avec le concours d'Eduardo Coelho, professeur à l'Université de Lisbonne.

BIBLIOGRAPHIE SUCCINCTE, AUTRE QU'EN FRANÇAIS

José Blanco : *Fernando Pessoa — Esboço de uma bibliografia,* Lisbonne, Imprensa Nacional-Casa da Moeda-Centro de Estudos Pessoanos, 1983. De cette bibliographie internationale il existe une partie sélective portant sur le portugais et le français à la fin de l'ouvrage *Fernando Pessoa poète pluriel* (Centre Pompidou, etc., Paris, 1985).

João Gaspar Simões : *Vida e obra de Fernando Pessoa — Historia de uma geração,* Librairie Bertrand, Lisbonne, 1950 ; 4ᵉ éd. en 1980, 740 p. (João Gaspar Simões est également responsable de l'édition des premiers recueils de poésie parus chez Atica.)

En sus des éd. Atica, de Lisbonne, qui ont publié depuis 1942 les volumes séparés, poésie et prose, de Fernando Pessoa, Maria Aliete Dores Galhoz a procuré la première édition collective, en 1960, et depuis lors suivie de nombreuses rééditions enrichies de textes retrouvés de Fernando Pessoa : *Obra Poética* (éd. José Aguilar, Rio de Janeiro) inspirée de notre « Bibliothèque de la Pléiade ». Cet ouvrage s'ouvre sur un essai de Maria Aliete Dores Galhoz intitulé : « Fernando Pessoa, Encontro de poesia », dont le *Bulletin des études portugaises,* Librairie Bertrand, Lisbonne, a publié en 1961 une version française : « Une rencontre en poésie. »

ICONOGRAPHIE

Maria José de Lancastre : *Fernando Pessoa — Uma fotobiografia,* Imprensa Nacional-Casa da Moeda, Lisbonne, 1981, 452 photographies, 325 pages. Nombreuses rééditions depuis lors. Ouvrage sans égal, qui nous en apprend sur le poète plus que de savants essais, documents variés et textes peu connus du poète : « Mon enfance s'est écoulée dans la sérénité, j'ai reçu une bonne éducation, mais dès que j'eus conscience de moi-même, je m'avisai d'une tendance innée à la mystification, au mensonge artistique. Qu'à ce trait on ajoute un grand amour pour le spirituel, pour le mystérieux, pour l'obscur... »

Fernando Pessoa hospede e peregrino — exposition itinérante organisée par le ministère des Affaires étrangères et par le

ministère de la Culture et de la Coordination scientifique,
Institut portugais du livre, Lisbonne, 1983, 316 p. d'illustrations. À gauche, textes de Fernando Pessoa ; à droite, repro-
duction de manuscrits, d'interprétations graphologiques, etc.
Organisation générale due à Teresa Rita Lopes.

AUDIOVISUEL

Fernando Pessoa, l'homme multiplié, par Armand Guibert ;
première diffusion, pour commémorer le 25ᵉ anniversaire de la
mort de Fernando Pessoa, de cette « dramatique », le
27 novembre 1960, dans les « Soirées de Paris » de la R.T.F.
Traduite du français par Maria Aliete Dores Galhoz, cette
pièce a été diffusée par la Télévision portugaise.

L'Ode maritime, traduite par Armand Guibert, jouée à une seule
voix (Ivan Romeuf) au Théâtre de la Mer, Paris, en mars et
avril 1981.

LE GARDEUR DE TROUPEAUX
ET LES AUTRES POÈMES
D'ALBERTO CAEIRO

POÉSIES D'ALVARO DE CAMPOS

DERNIÈRES PARUTIONS